Szenisches Spiel in der Schule

Erarbeitet von
Cornelia Ertmer

Herausgegeben von
Johannes Diekhans

© 1999 Ferdinand Schöningh, Paderborn

© ab 2004 Bildungshaus Schulbuchverlage
Westermann Schroedel Diesterweg Schöningh Winklers GmbH
Braunschweig, Paderborn, Darmstadt

www.schoeningh-schulbuch.de
Schöningh Verlag, Jühenplatz 1–3, 33098 Paderborn

Das Werk und seine Teile sind urheberrechtlich geschützt.
Jede Nutzung in anderen als den gesetzlich zugelassenen Fällen bedarf der
vorherigen schriftlichen Einwilligung des Verlages.
Hinweis zu § 52a UrhG: Weder das Werk noch seine Teile dürfen ohne eine
solche Einwilligung gescannt und in ein Netzwerk gestellt werden.
Das gilt auch für Intranets von Schulen und sonstigen Bildungseinrichtungen.

Auf verschiedenen Seiten dieses Buches befinden sich Verweise (Links) auf
Internetadressen. Haftungshinweis: Trotz sorgfältiger inhaltlicher Kontrolle wird
die Haftung für die Inhalte der externen Seiten ausgeschlossen. Für den Inhalt
dieser externen Seiten sind ausschließlich deren Betreiber verantwortlich. Sollten
Sie dabei auf kostenpflichtige, illegale oder anstößige Inhalte treffen, so bedauern
wir dies ausdrücklich und bitten Sie, uns umgehend per E-Mail davon in Kenntnis
zu setzen, damit beim Nachdruck der Verweis gelöscht wird.

Druck 9 8 7 / Jahr 2015 14 13
Die letzte Zahl bezeichnet das Jahr dieses Druckes.

Druck und Bindung: westermann druck GmbH, Braunschweig

ISBN 978-3-14-022263-1

Inhaltsverzeichnis

Vorwort 5
Das Spiel in der Entwicklung des Kindes 6
Einsatzmöglichkeiten des szenischen Spiels in der Schule 6
Ziele des szenischen Spiels 6
Rollenspiel und darstellendes Spiel 7
Anwendungspraxis 8
Fachbegriffe im Überblick 8

Baustein 1:
Elementarprozesse
10

1.1 Der Atem 12
1.1.1 Stehaufmännchen 12
1.1.2 Pink Panther 12
1.1.3 Der Kaugummi 13
1.1.4 Die Notbremse 14
1.1.5 Marionette 15
1.1.6 Luftballon 16

1.2 Atem und Stimme 18
1.2.1 Prellball 18
1.2.2 Fingerhakeln 18
1.2.3 Hummeln 20
1.2.4 Gespenstertanz 20
1.2.5 Stimm-Bewegung 22
Arbeitsmaterial 1 24

1.3 Artikulation 25
1.3.1 Der Korken 25
Arbeitsmaterial 2 27
1.3.2 Das Pferd 28
1.3.3 Die Mundwerker 29
Arbeitsmaterial 3 30-31
1.3.4 Der kleine Unterschied (1) 32
1.3.5 Laute Laute 33

Baustein 2:
Rollenspiel und
darstellendes Spiel
34

2.1 Pantomime: Sprechende Körper 34
2.1.1 Mit Händen und Füßen (Gestik und Körperhaltung) 34
Arbeitsmaterial 4 37
2.1.2 Die Lust am Lachen und andere Gefühle (Mimik, Gestik, Körpersprache) 38
Arbeitsmaterial 5 39-40
2.1.3 Masken und Gesichterschneiden (Mimik) 41
Arbeitsmaterial 6 43
2.1.4 Schweigend ins Gespräch vertieft (Mimik, Gestik, Körpersprache) 44
Arbeitsmaterial 7 48-49
2.1.5 Bewegte Rede-Wendungen (Mimik, Gestik, Körpersprache) 50
Arbeitsmaterial 8 52

2.2 Das Zusammenspiel von Körperausdruck und Sprechausdruck 53

2.2.1 Kauderwelsch 53
2.2.2 Der Weg nach... 55
Arbeitsmaterial 9 56
2.2.3 Gespräche 57
Arbeitsmaterial 10 60-62
2.2.4 Der richtige Ton 63
Arbeitsmaterial 11 64
2.2.5 Sprechhaltungen 65
Arbeitsmaterial 12 67
2.2.6 Ein Weg zum darstellenden Spiel 68

Baustein 3: Hören 69

3.1 Lautdiskrimination und Lautidentifikation 69

3.1.1 Die Stille hören 69
Arbeitsmaterial 13 70-71
3.1.2 Hördetektive (1) 72
3.1.3 Hördetektive (2) 72
3.1.4 Der kleine Unterschied (2) 74
Arbeitsmaterial 14 75-77

3.2 Hörverstehen 78

3.2.1 Telefonitis 78
Arbeitsmaterial 15 79
3.2.2 Hörverstehensspiele 80
3.2.3 Das Echo 81
Arbeitsmaterial 16 82-83
3.2.4 Hörgeschichten (1) 84
3.2.5 Hörgeschichten (2) 85

Baustein 4: Sprechen und Schreiben 87

Texte 87-96

Baustein 5: Ein Unterrichtsbeispiel für eine 5. Klasse 97

Konzept zur Erarbeitung eines Märchens als Puppenspiel:
Die Geschichte vom König Paprika 97
Arbeitsmaterial 17 101-103

Text-/Bildnachweis 104

Literaturverzeichnis 104

Vorwort

Der Bereich des szenischen Spiels besitzt im schulischen Alltag leider noch eine untergeordnete Bedeutung. „Für so etwas haben wir eine Theater-AG", „Das kann ich nicht, das liegt mir nicht" oder „Das ist mir viel zu aufwändig" sind häufig formulierte Äußerungen, wenn es um diesen Bereich geht.

Der vorliegende Band möchte Mut machen, sich mit dem szenischen Spiel in der Schule zu beschäftigen, auch und gerade dann, wenn die Vorerfahrungen fehlen.

Zunächst erfolgt eine kurze Einführung in das Thema. Im Mittelpunkt stehen dann jedoch zahlreiche praktische Übungen, von ganz einfachen, aber grundlegenden Techniken des Atmens und Sprechens bis hin zu komplexeren Spielformen.
Das Bausteinprinzip des Bandes ermöglicht es, die beschriebenen Übungen in unterschiedlicher Weise zu kombinieren. Eine Festlegung auf bestimmte Altersgruppen wurde nur in einzelnen Fällen vorgenommen; viele Übungen eignen sich für beinahe jede Altersgruppe.
Beschrieben werden jeweils mehrere Übungen, die unter einem bestimmten Thema zusammengefasst sind. Schwierigkeitsgrad (☺ = einfach, ☺☺ = mittelschwer, ☺☺☺ = schwierig) und Spieldauer sind ebenso aufgeführt wie ein kurzer Kommentar, der den intentionalen Zusammenhang verdeutlicht.
An manchen Stellen sind Arbeitsmaterialien in Form von Kopiervorlagen eingefügt, die ohne weiteren Vorbereitungsaufwand im Unterricht einsetzbar sind.

„Für so etwas haben wir eine Theater-AG", „Das kann ich nicht, das liegt mir nicht", „Das ist mir viel zu aufwändig". Der vorliegende Band möchte dazu beitragen, diese Behauptungen zu widerlegen.

Das Spiel in der Entwicklung des Kindes

Mit dem Begriff „Spiel" assoziieren die meisten Menschen zunächst das Spiel von kleinen Kindern, die mit Klötzchen, Puppen, mit ausgedachten Figuren oder auch – ab dem 3. Lebensjahr immer häufiger – mit anderen Kindern spielen. Wir beobachten und bewundern die Leichtigkeit, mit der die Kinder den Dingen und sich selbst Rollen zuweisen: „Und jetzt ist der Stein mal ein Haus und der Stock ein Pferd...." und „Du bist jetzt ein Löwe und ich der Löwenbändiger..." In ihrer Fantasie schaffen sich die Kinder *ihre* Welt und verarbeiten gleichzeitig Erlebnisse der realen Welt, ohne sich jedoch dieser „zwei Welten" bewusst zu sein.
In dieser ersten Phase der Entwicklung, der Stufe des *gegenständlich-konkreten Lernens* (vgl. Radigk 1986, 91-176) erfahren die Kinder ihre Umwelt ganzheitlich: Sie riechen an den Dingen, betasten, schmecken sie, nehmen sie mit allen Sinnen in sich auf. In den weiteren Stufen, dem *sprachlichen Lernen* (bis etwa zum 11. Lebensjahr) und dem *schriftsprachlichen Lernen,* entwickelt das Kind zunehmend die Fähigkeit zur Abstraktion, zum formalen Denken. Dieses wird entsprechend von den Schülerinnen und Schülern an den weiterführenden Schulen immer stärker eingefordert. In dem Bestreben, den Kindern und Jugendlichen möglichst viel Wissen zu vermitteln, wird vielfach das ganzheitliche Lernen immer weiter durch einen eher rationalen Lernstil verdrängt. Dabei wird oft übersehen, wie wichtig Erfahrungen über die Sinne für das „Begreifen" und für die Verankerung des Lernstoffes sind, kann das Denken doch letztlich „nur aus der sensomotorischen Handlung geboren sein." (Radigk 1986, 73)
Aus diesen Überlegungen ergeben sich Konsequenzen für die didaktisch-methodische Aufbereitung des Stoffes für den Deutsch-Unterricht.

Einsatzmöglichkeiten des szenischen Spiels in der Schule

Neben anderen handlungsorientierten Methoden, die in den letzten Jahren verstärkt Eingang in die allgemeine Unterrichtspraxis fanden, eröffnet das *szenische Spiel* besondere Möglichkeiten, den Lernstoff für Kinder und Jugendliche erfahrbar und fassbar zu machen, ihnen über das „Erleben" eine Aneignung des Wissens zu erleichtern. Dabei ist das szenische Spiel in seiner Vielfalt in fast allen Lernsituationen des Faches Deutsch einsetzbar: Zur Ausgestaltung von Erzählsituationen, zur Vertiefung des Verständnisses für bestimmte Personen in einem dramatischen oder erzählenden Text (Textinterpretation), für Diskussionen (Talk-Show, Bewerbungsgespräche etc.), zur Beschreibung von Personen, Gegenständen und Vorgängen, selbst für die Erarbeitung von grammatischen Strukturen und zur Wortschatzarbeit lässt sich das szenische Spiel nutzen. Im Rahmen dieser Möglichkeiten versucht auch der vorliegende Band ein möglichst breites Angebot von „Tätigkeitsbereichen" in den vorgestellten Übungen der verschiedenen Bausteine zu erfassen.

Ziele des szenischen Spiels

Über das szenische Spiel kann es gelingen, die Freude am Sprechen, die jüngeren Kindern oft noch zu eigen ist und deren Verlust bei älteren Schülerinnen und Schülern immer wieder beklagt wird, zu erhalten oder wieder zu beleben. Im szenischen Spiel erleben die Kinder und Jugendlichen, dass das Miteinander-Kommunizieren nicht nur über den Austausch von Worten, also *verbal*, sondern vielmehr weitgehend über den Tonfall, die Stimmstärke, das Sprechtempo, die

Artikulation (= *Sprechausdruck*), über eine bestimmte Körperhaltung und über Mimik und Gestik (= *Körperausdruck*), also *non-verbal*, geschieht. Sie erfahren, dass die Möglichkeiten zu einer differenzierten Kommunikation auch durch eine zunehmende Beherrschung nonverbaler Ausdrucksmittel steigen. Darüber hinaus schult das szenische Spiel die Wahrnehmung, fördert das Vorstellungsvermögen und die Konzentration (bes. Hörübungen, vgl. Baustein 3) und stärkt das soziale Verhalten der Kinder und Jugendlichen durch das Spiel mit anderen. Die Schülerinnen und Schüler entdecken, dass es unterschiedliche Sichtweisen auf ein Problem geben kann, dass scheinbar Altbekanntes noch unentdeckte Aspekte enthält.

Das szenische Spiel lässt Schülerinnen und Schüler im Tun Zusammenhänge erkennen, indem es die Kreativität und Fantasie freisetzt, die oft erst Erkenntnisprozesse in Gang zu setzen vermögen.

So erwächst vielfach aus der *produktiven Phase* des Spiels *die reflexive Phase*: Was habe ich erfahren? Wie hat es gewirkt? Welche Schlüsse kann ich daraus ziehen?

Um einen solchen Erkenntnisprozess in Gang zu setzen empfiehlt es sich, das szenische Spiel in einen funktionalen Zusammenhang einzubetten, wie er z.T. im Kommentar der Übungen angedeutet wird.

Rollenspiel und darstellendes Spiel

In der Unterrichtspraxis lässt sich oft nicht eindeutig nach Rollenspiel und darstellendem Spiel differenzieren. Häufig ergeben sich Mischformen. Vielfältige Varianten mit unterschiedlicher Schwerpunktsetzung sind denkbar, von der Pantomime zum Puppenspiel, vom spontan und frei improvisierten Spiel bis zur ausgestalteten inszenierten Darstellung. Doch geschieht diese Unterscheidung nicht willkürlich, sondern bietet eine Orientierungshilfe für Unterrichtsplanung und Zielsetzung: Will ich improvisieren, die Handlung spontan auf dem groben Raster einzelner vorgegebener Elemente wie Situation, Personenkonstellation und/oder Problemstellung entwickeln lassen und über das Spiel zu einer Deutung gelangen (*Sinnerschließung*) oder soll ein Geschehen durch die Darstellung interpretiert, die Sprechgestaltung bewusst zur Vermittlung eigener Deutungen (*Sinnvermittlung*) eingesetzt, die Rolle als Rolle reflektiert werden? Beziehe ich die Zuschauenden in das Geschehen mit ein oder konfrontiere ich sie mit einer Deutung? Möchte ich ohne Requisiten arbeiten oder sollen diese ein Teil der Gesamtdarstellung sein?

Während das Rollenspiel spontan, auch ohne größere Vorbereitungen eingesetzt werden kann, unmittelbar wirkt und einen Weg zum Verständnis einer Situation, einer Person eröffnet, eignet sich das darstellende Spiel dazu, den Verstehenshorizont zu erweitern, sich über die Reflexion der Sprechgestaltung kritisch mit Handlungen, Verhaltensweisen und Haltungen auseinander zu setzen, ihre Bedeutungsdimensionen handelnd auszuloten.

Im Rollenspiel erproben und erweitern die Kinder und Jugendlichen ihre Ausdrucksfähigkeit und schaffen damit eine wesentliche Voraussetzung für das darstellende Spiel. Dieses setzt nämlich einen reflektierten Umgang mit Sprechausdruck und Körperausdruck voraus, wenn mit einer bestimmten Darstellungsabsicht eine vorgegebene Rolle gestaltet werden soll. Über das Rollenspiel lassen sich Einsichten und Erfahrungen in Bezug auf die Gestaltung einer Rolle gewinnen und im darstellenden Spiel nutzen, z.B. wenn es darum geht, eigene Deutungsansätze im Spiel vorzustellen. Während das Rollenspiel dazu beiträgt, das kreative Potenzial der Schülerinnen und Schüler zu fördern, nutzt das darstellende Spiel diese Kreativität auf der Ebene der Abstraktion, d.h., auf der Ebene der Interpretation.

Anwendungspraxis

Für den Einsatz der Übungen ist dabei nicht die Jahrgangsstufe entscheidend, sondern die Vorerfahrung, die die Schülerinnen und Schüler im Umgang mit den nonverbalen Ausdrucksmitteln, mit dem Spiel überhaupt besitzen. Deshalb verzichtet der vorliegende Band auf eine Zuweisung der Übungen zu bestimmten Altersgruppen und beschränkt sich auf eine Kennzeichnung des Schwierigkeitsgrades. Grundsätzlich kann jede Übung in jeder Altersstufe genutzt werden (Ausnahmen sind im jeweiligen Kommentar erläutert). Welche Übung für welche Lerngruppe besonders geeignet ist, liegt im Ermessen der Fachlehrerin/des Fachlehrers. Für diese könnte es sich als nützlich erweisen, besonders die Übungen der Bausteine 1 und 2 für sich selbst auszuprobieren, um so ihre Wirkungsweise zu testen, auch wenn in den Kommentaren Einsatz- und Wirkungsmöglichkeit der Übungen erläutert werden. Alle Übungen sind aus der sprechpraktischen Unterrichtsarbeit entstanden. Unterschiedliche Methoden der Sprechgestaltung sind speziell für die Arbeit in der Schule bearbeitet worden (vgl. Literaturhinweise im Anhang).

Da sich die Übungen aller Bausteine untereinander kombinieren lassen, ergibt sich eine Vielzahl unterschiedlicher Einsatzmöglichkeiten, die dem jeweiligen Unterrichtsvorhaben angepasst werden können (vgl. hierzu Baustein 5). Da viele Schülerinnen und Schüler dazu neigen, zu leise, zu unartikuliert oder auch „atemlos" zu sprechen, kommt dem Einsatz von Atem, Stimme und Artikulation (*Elementarprozesse*) als Grundlage allen Sprechens eine besondere Bedeutung zu (Baustein 1). Ist es doch unbefriedigend für alle Beteiligten, Spielende wie Zuschauende, wenn sie den gesprochenen Text nicht hinreichend verstehen. Vielfach bereitet es den Schülerinnen und Schülern Schwierigkeiten, Sprechen und Körpersprache im Sinne ihrer Spiel- und damit Aussageabsicht zu koordinieren. Für das Zusammenwirken von Sprechen und Bewegen bietet der Baustein 2 Übungen an. Hörübungen (Baustein 3) tragen dazu bei, die Wahrnehmung zu schulen, genau und aufmerksam hinzuhören und damit die Grundlage für eine differenzierte Sprechgestaltung zu schaffen. Darüber hinaus fördern die Übungen dieses Bausteins die Konzentrationsfähigkeit der Kinder und Jugendlichen.

Schließlich versuchen die Angebote in Baustein 4 zu zeigen, inwieweit Sprechen und Schreiben sich gegenseitig ergänzen und produktiv aufeinander einwirken können.

Fachbegriffe im Überblick

Artikulationsbereiche:	Zonen, in denen die unterschiedlichen Laute gebildet werden (z.B. [t] am Zahndamm = vorderer Artikulationsbereich, [r] im Rachenraum = hinterer Artikulationsbereich)
Ausatem:	der ausströmende Atem
Einatem:	der einströmende Atem
Elementarprozesse:	Atem, Stimme, Artikulation als Grundlage des Sprechens
Feedback:	Rückmeldung: Wie nehme ich andere wahr?

Fremdeinschätzung:	Wie nimmt der/die andere mich wahr?
Grundhaltung:	Körperhaltung vor dem Beginn einer Übung
Grundstimmung:	die einem Text/einer Situation zugrunde liegende Stimmung (fröhlich, traurig etc.)
Indifferenzlage der Stimme:	die Stimmlage, in der ein Ton mühelos gebildet wird
Körperausdruck:	Mimik, Gestik, Körpersprache
Körperspannung (Eutonie):	angespanntes Entspanntsein (signalisiert Sprechbereitschaft)
Lautdiskrimination:	Unterscheidung von Lauten durch Hören
Mimürfel:	„Mimik und Würfel"; statt der Augen zeigen die Seiten eines Würfels sechs unterschiedliche „Gesichter"
nonverbale Ausdrucksmittel:	vgl. →Sprechausdruck und →Körperausdruck
Phonationsatem:	der zum Sprechen benötigte, durch das →Zwerchfell gesteuerte Atem
reflektorische Luftergänzung:	der durch die →Zwerchfellbewegung automatisch beim Sprechen ergänzte →Phonationsatem
Selbstwahrnehmung:	Einschätzung der eigenen Wirkung auf andere
Sinnerschließung:	Einsatz von sprechgestaltenden Mitteln, um den Gehalt eines Textes, eines Problems, einer Situation etc. zu ermitteln
Sinnvermittlung:	Einsatz von sprechgestaltenden Mitteln, um eine Deutung (Interpretation) vorzustellen
Sprechausdruck:	Sprechmelodie, Lautstärkewechsel, Tempo und Pausen, Artikulation
Sprechgestaltung:	Einsatz von →Sprechausdruck und →Körperausdruck zum Zwecke der Sinngebung und Sinnvermittlung
Tiefenatmung:	Brust-Bauch-Flankenatmung
Verschlusslaute:	[p], [t], [k] (= hart), [b], [d], [g] (= weich) regen die →Zwerchfelltätigkeit an
Vitalimpulse:	Gähnen, Seufzen, Lachen
Zwerchfell:	Hauptatemmuskel, über den der →Phonationsatem gesteuert wird

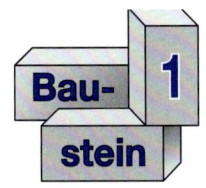

Elementarprozesse

Die Übungen im Bereich der Elementarprozesse lassen sich ohne weitere Hilfsmittel und Vorbereitungen in jedem Klassenraum durchführen.

Alle Übungen sollten aus einer Vorstellung heraus durchgeführt werden (vgl. jeweilige Überschrift).

Die Übungen beginnen immer aus der *Grundhaltung* heraus:

Grundhaltung im Stehen:
– Füße etwa hüftbreit auseinander (optimaler Stand)
– Knie locker, leicht gebeugt (ganz wichtig, da durchgedrückte Knie ein Hohlkreuz verursachen. Dieses wiederum bewirkt körperliche Verspannungen, die die Wirkung der Übungen aufheben.)
– Schultern senken
– Arme seitlich baumeln lassen
– den Atem beobachten (atmen lassen, der Atem strömt)
– die Standfestigkeit überprüfen (durch Gewichtsverlagerung die „Mitte" finden)

Grundhaltung im Sitzen:
– auf dem vorderen Drittel der Stuhlfläche sitzen
– die Füße mit der ganzen Sohle auf den Boden setzen, so dass Ober- und Unterschenkel einen 90°-Winkel bilden
– den Oberkörper aufrichten
– Schultern senken
– die Hände locker auf die Oberschenkel oberhalb der Knie legen
– den Atem beobachten (atmen lassen)

Baustein 1: Elementarprozesse

Grundhaltung ...

... im Sitzen

... im Stehen

1.1 ☐ Der Atem

1.1.1 Stehaufmännchen

– Grundhaltung im Sitzen
– mit dem Gesäß hin und her schaukeln, dabei die Sitzhöcker erspüren
– den „Schwerpunkt" des Körpers finden (Leibmitte)
– die Übung so lange durchführen, bis jedes Kind seinen „Schwerpunkt" wie beim Stehaufmännchen gefunden hat

Durch das Schaukeln auf den Sitzhöckern entwickeln die Kinder ein Gespür für die physiologisch richtige Sitzhaltung, in der die Wirbelsäule aufgerichtet ist, so dass der Brustkorb frei wird für eine tiefere Atmung, die Brust-Bauch-Flanken-Atmung.

1.1.2 Pink Panther

– Grundhaltung im Stehen
– während der Übung die Kinder immer wieder an das Atmen erinnern (Das Atmen nicht vergessen!)
– den ganzen Körper recken und strecken, dabei mit den Armen und Beinen beginnen
– die gesamte Muskulatur anspannen:
    – die Finger spreizen (Jazz-Hands)
    – auf die Zehenspitzen stellen
    – Körperspannung von den Zehen bis in die Fingerspitzen herstellen
– in dieser Spannung ganz langsame Bewegungen durchführen (Pink Panther Rhythmus: dadamm — dadamm — dadammdididadammdididadaaaaaaaaaaaadadadamm)
– die Spannung plötzlich lösen (dadadadamm), den Oberkörper in sich zusammensacken lassen
– langsam wieder aufrichten (vgl. Marionette, 1.1.5)
– Gähnimpulse oder andere spontan entstehende Laute wie Grunzen, Quieken und Seufzen zulassen
– die Übung mehrfach wiederholen

Durch den Wechsel von Spannung und Entspannung werden Fehlspannungen gelöst. Vitalimpulse wie Gähnen und Seufzen weiten den Rachenraum und lockern die Kehlkopfmuskulatur.

Baustein 1: Elementarprozesse

Pink Panther

1.1.3 Der Kaugummi

– Grundhaltung im Sitzen oder Stehen

– durch die Nase die Luft einströmen lassen

– die oberen Schneidezähne gegen die Unterlippe pressen und die Luft gegen diesen Widerstand auf fffffffffffffffff so langsam wie möglich ausstoßen

– die Ausatembewegung unterstützen durch eine Handbewegung, die die Luft – ffffffffffffffffffffffff – quasi wie einen Kaugummi aus dem Mund zieht

– entspannen und in die Grundhaltung zurückgehen, *bevor* die Luft restlos verbraucht ist

– die Übung 2-3x durchführen, jedes Kind in seinem eigenen Atemrhythmus

Baustein 1: Elementarprozesse

Die Notbremse

1.1.4 Die Notbremse

– Grundhaltung im Stehen

– mit dem Einatem die Arme über den Kopf strecken

– den Ausatem auf fffffffffffffffffff (wie in *1.1.3*) ausströmen lassen

– mit dem Ausatem die Hände zu Fäusten ballen und wie gegen einen Widerstand mit Kraft nach unten ziehen (= anspannen), z.B. wie die Notbremse im Zug oder in der Straßenbahn

– wenn die Oberarme am Körper anliegen, den Ausatem mit dem Verschlusslaut [t] „abbremsen" (= abspannen)

– in die Grundhaltung zurückgehen

– in der Grundhaltung im individuellen Atemrhythmus 3x atmen

– die Übung bis zu 3x durchführen, jedes Kind in seinem eigenen Atemrhythmus

 Mit diesen beiden Übungen wird das Zwerchfell trainiert und der Phonationsatem kontrolliert (vgl. „Atemstütze").

Baustein 1: Elementarprozesse

Marionette

1.1.5 Marionette

– Grundhaltung im Stehen oder Sitzen

– den Kopf langsam auf die Brust senken

– den Oberkörper in sich zusammensinken, die Schultern nach vorn fallen lassen, den Rücken rund machen

– langsam, Wirbel für Wirbel, aus dieser Haltung wieder aufrichten (wie an den Fäden gezogen)

– in der umgekehrten Reihenfolge die Glieder aufrichten: Rücken, Schultern, Kopf

– wieder in die Grundhaltung zurückgehen

– die Übung nach Bedarf, auch mehrfach, wiederholen

 Das durch diese Übung entstehende Körpergefühl des Gespannt-Entspannt-Seins (Eutonie) fördert die Bereitschaft zum Sprechen, stellt die zum Sprechen notwendige Sprechspannung her.

1.1.6 Luftballon

- Grundhaltung im Sitzen
- die Hände mit den Fingerspitzen nach innen auf die Oberschenkel knapp oberhalb der Knie legen
- die Ellbogen nach außen drehen
- das Gewicht des Oberkörpers auf die Arme stützen
- den Atem strömen lassen – den Atem durch die Nase einströmen, durch den leicht geöffneten Mund wieder ausströmen lassen (3x)
- aufrichten in die Grundhaltung
- den Atem strömen lassen wie oben (3x)
- die Übung maximal dreimal wiederholen

Diese Übung fördert die Tiefenatmung und erweitert so das Lungenvolumen.

Die ungewohnt große Sauerstoffzufuhr kann dazu führen, dass empfindlichen Kindern oder Kindern, die erkältet sind, schwindelig wird. Deshalb sollte von vornherein auf diese Gefahr hingewiesen werden. Kinder, denen bei dieser Übung flau wird, sollten die Übung sofort abbrechen. Die Übung empfiehlt sich eher für ältere Schülerinnen und Schüler.

Baustein 1: Elementarprozesse

Luftballon

1.2 ☐ Atem und Stimme

1.2.1 Prellball

- Grundhaltung im Stehen
- einen – imaginären – Ball mit dem Einatem in die rechte (bei Linkshändern in die linke) Hand nehmen
- mit dem Ausatem den „Ball" auf den Boden prellen und dabei „hopp" sagen
- den „Ball" mit beiden Händen fangen und mit dem Einatem wieder in die Wurfhand nehmen
- das Aufprellen mit dem Ausatem wiederholen
- das Tempo allmählich steigern und die Phase des Einatems immer mehr verkürzen
- sich schließlich nur noch konzentrieren auf das „Ballprellen": „hopp", „hopp", „hopp" usw.
- jedes Kind seinen eigenen Rhythmus finden lassen
- die Übung ca. 1-2 Minuten durchführen

1.2.2 Fingerhakeln

- Grundhaltung im Stehen oder Sitzen
- die Ellbogen nach außen drehen
- mit dem Einatem die Hände in Brusthöhe hochnehmen und die Mittelfinger beider Hände ineinander verhaken
- mit dem Ausatem langsam, aber kräftig die Finger auseinander ziehen und dabei ein einsilbiges Wort, mit Verschlusslaut am Ende, langgezogen sprechen, z.B. „Wich*t*", „Lau*t*", „Zu*g*"
- mit dem Verschlusslaut abspannen, d.h., die Finger lösen und die Arme baumeln lassen, *bevor* die Atemluft verbraucht ist
- in die Grundhaltung zurückgehen
- die Übung mehrfach wiederholen, jedes Kind in seinem eigenen Atemrhythmus

Diese Übungen dienen dem Training der *reflektorischen Luftergänzung*. Die Schülerinnen und Schüler sollen spielerisch erfahren, dass in jeder Sprechsituation genügend Luft zum Sprechen vorhanden ist. Dazu aber ist es nötig abzuspannen, d.h. aus der Sprech-Spannung herauszugehen. Dieses Abspannen wird bewirkt durch die Verschlusslaute [p], [t], [k]. Das Zwerchfell entspannt sich und kann sich dann erneut zusammenziehen (vgl. auch die Übungen *1.1.3* und *1.1.4*). Bei gesteigertem Tempo findet schließlich keine Entspannung-Neuspannung des Zwerchfells statt, sondern nur noch eine Rückfederung, die bewirkt, dass die verbrauchte Atemluft ständig ergänzt wird. Übertragen auf das Sprechen bedeutet dies, dass sich auch längere Sprechpassagen bei einiger Übung ohne Atemnot bewältigen lassen.

Baustein 1: Elementarprozesse

Fingerhakeln

1.2.3 Hummeln

- Grundhaltung im Stehen oder Sitzen
- die Lippen leicht aufeinander legen, ohne dass die Zähne sich berühren
- das Kinn auf die Brust legen
- durch die Nase die Luft einströmen lassen
- mit dem Ausatem die Luft über die Stimmlippen streichen lassen, so dass ein Brummton auf mmmmmmmm entsteht wie bei einer Hummel
- während des „Brummelns" den Kopf langsam heben und in den Nacken legen
- während des Vorgangs die Qualität des Lautes beobachten: In welcher Stellung des Kopfes klingt er am vollsten? Wann gelingt er mühelos? (Indifferenzlage der Stimme, vgl. auch Hörübungen)

Jede/jeder sollte die Indifferenzlage ihrer/seiner Stimme erfahren um so mit der Zeit selbst ein Gespür für eine Überanstrengung der Stimme zu bekommen. Liegt die normale Sprechstimme über der Indifferenzlage, ist sie hell und kann bei gesteigerter Lautstärke rasch „kippen". Ursache hierfür sind oft Verspannungen im Nacken- und Halswirbelbereich, die ein Hochrutschen des Kehlkopfs bewirken. Befindet sich die Stimmlage unterhalb der Indifferenzlage, klingt die Stimme häufig gepresst, tiefer, rauer.

1.2.4 Gespenstertanz

- Grundhaltung im Stehen
- gelöst im Raum herumschlendern, kreuz und quer (nicht im Kreis!)
- die Kinder in Gespenster verwandeln, die erst ganz leise, dann immer lauter werdend ihre „schrecklichen" Laute von sich geben: HUHUUUUUUUUUUU, HAHAAAAAAAAAAAAAA, HOHOOOOOOOOOOOO, wobei der jeweilige Vokal am Schluss allmählich immer lauter werden soll
- die Lautstärke aus dem Bauch kommen lassen (vgl. Atemstütze)
- die Laute variieren, indem sie hämisch, lustig, traurig, drohend etc. klingen (vgl. 2. Baustein)
- die Laute durch entsprechende große Gesten begleiten
- die Übung je nach Situation und Stimmung zeitlich variieren

In dieser Übung erfahren die Kinder und Jugendlichen die Koordination von Atem und Stimmgebung. Sie erleben, dass der ganze Körper an der Lautbildung und am Lautstärkewechsel beteiligt ist: Sie halten sich den Bauch vor Lachen, sie plustern sich drohend auf etc. In diese Übung lassen sich auch die Comicerfahrungen aus dem Fernsehen mit einbeziehen.

Baustein 1: Elementarprozesse

„hihi"

Gespenstertanz

„hoho"

1.2.5 Stimm-Bewegung

Grundlage dieser Übung können alle Texte sein, die sich durch Armschwingen gestalten lassen.

- die Kinder im Kreis aufstellen (Grundhaltung) mit genügend Abstand
- mit kleinen Armschwingungen zurück (= einatmen) – vor (= ausatmen) beginnen, bei jeder Schwingung leicht in den Knien nachgeben
- die Schwingungen allmählich größer werden lassen, bis die Arme beim Vorwärtsschwingen über den Kopf gehen
- anschließend die Schwingbewegungen wieder im gleichen Umfang zurücknehmen, bis die Ausgangsposition erreicht ist
- den Vorgang wiederholen, diesmal mit sich vergrößernder Amplitude einen Vokal [o:] oder [u:] mitsprechen lassen
- entsprechend der zunehmenden Schwingungsamplitude die Lautstärke steigern
- beim Verringern der Schwingbewegung einen Text sprechen, dabei die Kinder gezielt Worte mitsprechen lassen (vgl. Material S. 24, gekennzeichnete Wörter)
- mit abnehmender Schwingbewegung die Lautstärke immer mehr zurücknehmen, bis das Wort mit der letzten Schwingung verklingt

Indem die Schülerinnen und Schüler zunächst nur schwingen, bekommen sie automatisch ein Gespür für die Koordination von Atem und Bewegung:
einatmen = mit den Armen zurückschwingen
ausatmen = mit den Armen vorschwingen
Das Armschwingen unterstützt im 2. Vorgang die Lautung. Das [o] bzw. [u] schwingt im ganzen Körper. Die Kehle weitet sich. Der Laut gelingt auch bei großer Lautstärke mühelos.
Bei älteren Schülerinnen und Schülern bieten sich auch Märchensprüche für diese Übung an (vgl. Arbeitsmaterial 1).

Baustein 1: Elementarprozesse

Schwingen

Schwingen

Stimm-Bewegung

Stimm-Bewegung

Baustein 1
Arbeitsmaterial 1

Josef Guggenmos
Mein Ball

Mein Ball	
zeigt, was er kann,	
hüpft	(einatmen) (größte Schwingung)
hoch wie ein Mann	(ausatmen) – **hoch** (laut)
dann	(einatmen) (kleiner werdende Schwingung)
hoch wie eine Kuh	(ausatmen) – **hoch** (etwas leiser)
dann	(einatmen) (noch kleinere Schwingung)
hoch wie ein Kalb	(ausatmen) – *hoch* (noch leiser)
dann	(einatmen) (noch kleinere Schwingung)
hoch wie eine Maus	(ausatmen) – **hoch** (noch viel leiser)
dann	(einatmen) (minimale Schwingung)
hoch wie eine Laus	(ausatmen) – **hoch** (ganz, ganz leise)
dann	atmen
ruht er sich aus.	

Gebr. Grimm
Rumpelstilzchen   **Die sieben Geißlein**

Ach wie	Was **rumpelt**
gut,	und
dass niemand	**pumpelt**
weiß,	in meinem
dass ich	Bauch **herum?**
Rumpel-	
stilzchen	
heiß.	

Weitere Texte:

_____
_____
_____
_____
_____

1.3 ☐ Artikulation

1.3.1 Der Korken

- Grundhaltung im Sitzen
- einen Korken (Weinflaschenkorken) so zwischen die Schneidezähne klemmen, dass etwa 1/3 des Korkens in die Mundhöhle ragt
- die Lippen locker über den Korken legen, die Zunge gegen den Korken stoßen lassen
- sich dem Nachbarn zuwenden und sich mit diesem unterhalten oder einen kurzen Text vorlesen oder vorsprechen (vgl. Arbeitsmaterial 2)
- beim Sprechen gegen den Widerstand des Korkens sprechen, sich dabei um eine möglichst klare und deutliche Aussprache bemühen
- die Übung mindestens 2, maximal 3 Minuten durchführen
- anschließend ohne Korken sprechen (Unterhaltung oder Text lesen)
- gemeinsam Erfahrungen über das neue „Sprechgefühl" austauschen: Lippenspannung, Sprechspannung

Durch das Sprechen gegen einen Widerstand (Korken) wird die Lippenspannung erhöht. Zu nachlässigem Sprechen neigende Schülerinnen und Schüler erfahren durch diese Übung den Unterschied zwischen artikuliertem und unartikuliertem Sprechen. Diese Übung lässt sich als Einführung isoliert durchführen, sollte aber möglichst immer in die konkrete Rollenarbeit, d.i. die Unterrichtsarbeit, integriert werden. Der Vorteil eines vorgegebenen Textes besteht darin, dass mit diesem gezielt die vorderen Artikulationsstellen gefordert werden können, wie im nachfolgenden Text (S. 27) der Lippen- und Zahndammbereich, wodurch dem gepressten Sprechen im hinteren Artikulationsbereich (Rachenraum) entgegengearbeitet werden kann.

Baustein 1: Elementarprozesse

Der Korken

26

Der Korken

Mit meinen beiden Brüdern ging ich gestern Nachmittag zum Hafen, um mir die Schiffe anzuschauen. Meine Familie wohnt nämlich in Hamburg. An der Mole lagen viele große Schiffe, „Pötte", wie man bei uns sagt. Aber auch ein Segelschiff war darunter. Seine Masten ragten hoch in den Himmel. Die Möwen flogen kreischend umher und versuchten, die Brotbrocken, die die Hamburgtouristen in die Luft warfen, im Fluge aufzuschnappen. Meistens gelang es ihnen. Ein kleines Mädchen in einem blaugelb gestreiften Kleidchen klatschte jedes Mal vor Freude in die Hände, wenn wieder einmal eine Möwe ein Brotstückchen ergattert hatte. Auch mir gefiel, wie die Möwen im Sturzflug ihre Nahrung fingen. Zu schnell war der Nachmittag vorbei und ich musste nach Hause, da ich meine Schularbeiten noch nicht gemacht hatte.

Eigene Texte:

1.3.2 Das Pferd

- gemächlich durch den Raum schlendern
- die Lippen locker aufeinander legen, so dass die Zähne sich nicht berühren
- dann galoppieren wie ein Pferd
- mit dem Einatem abstoßen (hochspringen)
- mit dem Ausatem schnauben, indem die Lippen in Schwingung versetzt werden
- dabei darauf achten, dass die Luft „aus dem Bauch" kommt
- die Übung mehrfach wiederholen

Das Lippenflattern bewirkt eine Lockerung der gesamten Artikulationsmuskulatur im Lippen-, Kiefer- und Rachenbereich. Das „Galoppieren" macht den Wechsel von Spannung und Entspannung für die Kinder und Jugendlichen nachvollziehbar.

Das Pferd

1.3.3 Die Mundwerker

Zungenbrecher und Schüttelreime

- von den Schülerinnen und Schülern Zungenbrecher und Schüttelreime sammeln oder selbst erfinden lassen, die möglichst viele Verschlusslaute enthalten (evtl. Hausaufgabe) (vgl. Arbeitsmaterial 3, Beispiel 1)
- die Sätze auf Kärtchen schreiben lassen
- in Dreiergruppen arbeiten
- jedes Kind ein Kärtchen ziehen lassen
- den Spruch in unterschiedlichem Tempo sprechen
- beim Sprechen immer auf eine klare Artikulation achten

Variante 1: Lautsalat

- in einem kurzen Text (Gedicht, kurze Geschichte) einen Laut durchgehend durch einen anderen ersetzen, der diesem in der Anbildung ähnlich ist (vgl.: [v]-[f] oder [s]-[t]) (vgl. Arbeitsmaterial 3, Beispiel 2)
- den Text möglichst auswendig sprechen
- den „falschen" Laut identifizieren und durch den ursprünglichen ersetzen
- den korrigierten Text im Kontrast zum „falschen" sprechen

Variante 2: Alphabet

- die Kinder in Kleingruppen (bis 4 Mitglieder) oder zu Hause zu jedem Buchstaben des Alphabets einen Satz erfinden lassen, in dem jedes Wort (Ausnahme: Artikel und einige Präpositionen und Konjunktionen) mit demselben Buchstaben beginnt (vgl. Arbeitsmaterial 3, Beispiel 3)
- jeden Satz auf ein Kärtchen schreiben und die Kärtchen einsammeln
- die Sätze des Alphabets vorsprechen und gemeinsam nachsprechen lassen: nacheinander, rückwärts oder durcheinander
- beim Sprechen auf eine klare Artikulation achten

Kommentar

Diese Übungen sollten immer in eine konkrete Unterrichtssituation (z.B. Lesen, Gedichtsprechen, Vorbereitung zum szenischen Spiel) und thematisch eingebettet werden, damit die Kinder sie nicht als Selbstzweck bzw. als reinen „Lautdrill" empfinden.
Besonders die letzte Übung lässt sich mit Rechtschreibübungen verbinden (Lautdiskrimination).

Eigene Anmerkungen:

_____

_____

_____

_____

Die Mundwerker

Baustein 1 – Arbeitsmaterial 3

Beispiel 1

Zungenbrecher
Klasse 5-10

Kirgisische Katzen kratzen gern kleine Kinder.
Paul pennt beim Biertrinken an der Theke.
Klitzekleine Kiesel kullern kleinlaut geradeaus.
Tönerne Töpfe donnern dauernd die Treppe hinunter.

Schüttelreime
Klasse 5/6

Ich fuhr auf einem Leiterwagen,
wo Steine und so weiter lagen.

Menschen mögen Möwen leiden,
während sie die Löwen meiden.

Der Vater auf der Liege wacht,
der Säugling in der Wiege lacht.

ab Klasse 7

Glaub nicht, dass alle Zungen lügen,
die warnen vor den Lungenzügen.

Auf Pille nicht noch Salbe hoff,
wer täglich dreizehn Halbe soff.

Wer kann mit frohem Herzen schmausen,
wenn tief im Stockzahn Schmerzen hausen?

Du spürst der ganzen Sippe Groll,
die pflegen dich bei Grippe soll.

Statt jeden, der noch lacht, zu neiden,
am Neid dann Tag und Nacht zu leiden,
sich Kummer, weil man litt, zu machen,
ist's besser, selbst gleich mitzulachen.

Beispiel 2

Lautsalat
Klasse 5/6

(1) Fir faren am Fochenende mit der ganzen Familie im Fald und haben dort viele Pilze gefunden. Da mein Vater sie aber nicht essen follte, feil er Angst vor einer Vergiftung hatte, fanderten schließlich alle gefundenen Pilze in den Müll. Meine Mutter far vielleicht fütend! [f]-[v]

(2) Meine Mutter tagt immer, Täuglinge tind immer tauber, nur grote Kinder tauen tich ein und tind immer dreckig. Dat timmt nicht. Meine kleine Schwetter Tuti itt erst techt Monate alt und nie tauber. Tie tabbert immer. [s]-[t]

Beispiel 3

Alphabet
ab Klasse 6

Am Anfang atmete Adam angeblich ängstlich.

Bruder Bruno bittet: Bitte besonders bittere Brausepillen.

Detlef deuchte das dämliche D dotterblumenzart.

Ein ehrgeiziger, erfolgreicher Entertainer ermuntert eine einsame Einsiedlerin, ein Ei zu essen.

Friedel frisst friedlich frische Fritten.

Gerade Gärtner graben gern große Gräben.

Hinter Häusern hecheln Hunde.

Ilses Igel isst Insekten.

Ja, ja, joggend jappst jeder Junge.

Kullernde Kegel kollern krachend Kellertreppen hinab.

Lachende Leute lieben leckere Lutscher.

Mit Muscheln malt Moritz muntere Mäuse.

Niemand neckt Nora, nur Norbert.

Otfried ordert ordentliche Ochsenpeitschen.

Paul plagt Paula mit penetranten Postillontönen.

„Quallen, Quallen!", quiekt Quax quicklebendig.

Runde Räder rollen richtig rasant.

Süße Seehunde saufen sauberes Salzwasser.

Trippelnde Tanten tratschen träge Tagesneuigkeiten.

„Ungeheure Ungeheuer!", unkt Uli unter ungeheurem Urgebrüll.

Vaters Verse verstehen vielleicht verwirrte Verwandte.

Willis Wecker weckt wunderbare Wesen.

Xenias Xylofon xenografiert in Xanten.

Yetis essen Yamswurzeln.

Zimt und Zucker ziehen Zähne zum Zahnarzt.

1.3.4 Der kleine Unterschied (1)

- in Gruppen zu dritt arbeiten (Kontrolle)
- Wortpaare, die sich qualitativ oder quantitativ in einem Laut (Vokal oder Konsonant) voneinander unterscheiden, auf ein Kärtchen schreiben:

der Seemann [e]	– der Sämann [ɛ:]
die Maße [a:]	– die Masse [ɑ]
zehren [e:]	– zerren [ɛ]
Pfeile [pf]	– Feile [f]
Torf [t]	– Dorf [d]
kleiden [k]-[d]	– gleiten [g]-[t]

- jedes Kind ein Kärtchen ziehen und sein Wortpaar sprechen lassen
- die Wortpaare von den beiden anderen Kindern identifizieren lassen
- bei der Lautbildung die Stellung von Zunge und Kiefer und die Lippenspannung kontrollieren
- auf eine deutliche Artikulation (Unterscheidung der Laute) achten

Variante
- je ein Kind ein Kärtchen ziehen und das Wortpaar einem anderen Kind diktieren lassen
- die Rechtschreibung anschließend überprüfen
- auf die genaue Artikulation im Hinblick auf Mund-, Zungen- und Kiefernstellung hinweisen

Der Qualitäts- und Quantitätsunterschied der Laute ist sowohl hörbar (vgl. Hörübungen) als auch nachvollziehbar durch die Bildung der Laute. Deshalb sollten die Kinder unbedingt dazu angehalten werden, die Stellung von Zunge und Kiefer und die Lippenspannung zu kontrollieren. Diese Übungen eignen sich auch vorzüglich für den Rechtschreibunterricht. Durch gegenseitiges Diktieren von womöglich selbst verfassten kurzen Texten, die Gegensatzpaare in der beschriebenen Art enthalten, wird einerseits die Artikulationsfähigkeit, andererseits die Lautdiskriminationsfähigkeit der Kinder geschult.

1.3.5 Laute Laute

Grundlage ist das Gedicht von *Ernst Jandl*:
lauter **lauter** lauter lauter lauter lauter leise leute

- Kinder bzw. Jugendliche im Kreis aufstellen lassen
- mit einem leisen, aber deutlich artikulierten „lauter" beginnen
- mit jedem „lauter" die Lautstärke erhöhen, die deutliche Artikulation beibehalten
- „lauter leise leute" in Gesprächslautstärke sprechen, mehrfach wiederholen und dabei immer leiser werden, aber ohne zu flüstern

In dieser Übung werden die Kinder und Jugendlichen durch die Laute [t] und [l] dahin geführt, vorn zu sprechen. Die deutliche Artikulation der Laute im vorderen Artikulationsbereich verhindert weitgehend, dass die Kinder ihrer Neigung nachgeben, bei einer Erhöhung der Lautstärke zu pressen und so die Stimmbänder zu belasten.
Wenn die Schülerinnen und Schüler am Schluss die Worte ganz leise, d.h. mit ganz wenig Stimmaufwand sprechen, ist die klare Artikulation um so wichtiger. Die Worte müssen trotz des minimalen Stimmaufwands noch deutlich zu verstehen sein.

Eigene Anmerkungen:

_____
_____
_____
_____
_____
_____

Eigene Laute-Texte:

_____
_____
_____
_____
_____
_____

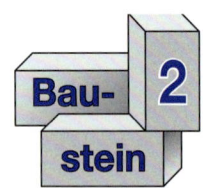# Rollenspiel und darstellendes Spiel

2.1 ☐ Pantomime: Sprechende Körper

Ziele

- die Beobachtungsgabe schulen
- die Ausdrucksfähigkeit fördern
- den Körperausdruck als Mittel der Verständigung erfahren und begreifen
- den Körperausdruck als Medium der Sinnvermittlung einsetzen
- die Konzentrationsfähigkeit stärken
- Fantasieräume schaffen
- das Vorstellungsvermögen anregen
- die sprachliche Kreativität durch produktive mimisch-gestische Motorik fördern

2.1.1 Mit Händen und Füßen (Gestik und Körperhaltung)

Schwierigkeitsgrad:

Spieldauer: ca. 15–20 Minuten (inklusive Vor- und Nachbereitung)

Vorgehensweise:

⇒ Alle sitzen im Kreis.
⇒ Die Klasse teilt sich in Gruppen zu je drei Schülerinnen und Schüler.
⇒ Jede Gruppe sucht sich einen Platz in der Klasse.
⇒ Jede Gruppe erhält einen Stapel mit 6 Kärtchen, auf denen die zu spielenden Vorgänge stehen.
⇒ Jedes Kind aus der Gruppe zieht ein Kärtchen aus dem Stapel. Die übrig gebliebenen Kärtchen werden zurückgegeben.
⇒ Die Lehrerin/der Lehrer erteilt die Arbeitsanweisungen oder gibt jeder Gruppe ein Blatt mit den genauen Arbeitsanweisungen (vgl. Arbeitsmaterial 4).
⇒ Der Reihe nach spielt jedes Gruppenmitglied den anderen beiden die Tätigkeit vor, die auf seinem Kärtchen steht.
⇒ Die anderen beiden erraten, um welche Tätigkeit es sich handelt.
⇒ Wenn alle drei Gruppenmitglieder ihre Tätigkeit durchgespielt haben, setzen sie sich in den Kreis zurück.
⇒ Die Kinder beschreiben ihre Erfahrungen mit dem Spiel im Plenum, halten noch einmal gemeinsam fest, worauf es bei der Darstellung ankommt:
    – klare, eindeutige Gesten bei den Vorspielenden
    – genaue Beobachtung durch die Zuschauenden
⇒ Zum Abschluss werden noch einmal besonders gelungene Darstellungen vorgeführt (Einschätzung durch die Beobachtung der Kinder selbst oder durch die Lehrperson).

Baustein 2: Rollenspiel und darstellendes Spiel

Tätigkeitsbereiche:
- Vorgangsbeschreibungen
- Grammatik: Bereich Wortarten: die Funktion der Verben →„Ich tue etwas".
- Wortschatzarbeit (genaue Benennung)

Da es sich um einfache Tätigkeiten handelt, eignet sich diese Aufgabe besonders für Kinder der 5. und 6. Klassen. Sie ist aber auch sinnvoll in höheren Jahrgängen, sofern die Schülerinnen und Schüler noch gar keine Erfahrungen mit dem szenischen Spiel gemacht haben. Wichtig ist, dass sie sich auf das Spiel einlassen. Die Aufgabe der Lehrerin/des Lehrers besteht darin, zu beobachten und behutsam zu unterstützen, wo es notwendig erscheint.

Die Gruppen sollten in jedem Fall in der Klasse 5 nur aus 3 Kindern bestehen, da es Kindern in diesem Alter oft noch schwer fällt, in größeren Gruppen konzentriert zu arbeiten.

Die Tätigkeitsanweisungen sind absichtlich weit gefasst um den Kindern einen Vorstellungsspielraum zu ermöglichen (siehe Arbeitsanweisungen). In jedem Fall sollte dieses Spiel in eine Unterrichtssituation eingebettet sein, z.B.: Reise (Kofferpacken) oder: Mein Alltag (Zähne putzen, Schuhe putzen, Tisch decken) etc.

Eigene Anmerkungen:

___
___
___
___
___
___
___

Baustein 2: Rollenspiel und darstellendes Spiel

Zähne putzen

Mit Händen und Füßen

Baustein 2
Arbeitsmaterial 4

Arbeitsanweisung:

1. Schritt: Lies die Tätigkeit, die auf dem Kärtchen steht, leise für dich.

2. Schritt: Überlege dir die *Situation*, in der du diese Tätigkeit ausführst:
- zu welcher Tageszeit (morgens, mittags, abends)
- regelmäßig oder nur manchmal
- freiwillig oder als Pflichterfüllung

3. Schritt: Überlege dir genau, *wie* du den Vorgang den anderen vorspielen willst: Körperhaltung, Bewegungen, Gesten

Tätigkeiten 1 (Grundsituation)

Schuhe putzen	Zähne putzen
ein Kleidungsstück anziehen	Tisch decken
Koffer packen	(Blusen oder andere Kleidungsstücke) bügeln

2.1.2 Die Lust am Lachen und andere Gefühle (Mimik, Gestik, Körpersprache)

Schwierigkeitsgrad:

Spieldauer: 20–30 Minuten

Vorgehensweise:

⇒ wie in 2.1.1 (mit einer Änderung)

⇒ Zu jeder Tätigkeit aus dem 1. Kärtchenstapel gibt es einen zweiten Stapel. Dieser enthält Kärtchen, die die Grundsituation (z.B. Koffer packen) ausschmücken und Gefühle provozieren sollen.

⇒ Die Schülerinnen und Schüler ziehen, je nachdem, welche Tätigkeit sie gewählt haben, aus dem entsprechenden 2. Stapel eine weitere Karte.

⇒ Wer mag, kann auch eine Leerkarte ziehen und sich selbst eine Erweiterung der Situation ausdenken.

In dieser Übung geht es darum, den Körperausdruck als eine Möglichkeit der Mitteilung, der Kommunikation, zu erfahren. Insofern stellt diese Übung eine schwierigere Variante der Übung 2.1.1 dar. Es geht nicht nur darum, eine Tätigkeit nachvollziehbar darzustellen, sondern auch die Gefühle zum Ausdruck zu bringen, die diese Tätigkeit begleiten. Es geht nicht nur um das, *was* geschieht, sondern auch darum, *wie* es geschieht. Während in der ersten Übung die Mimik noch weitgehend außer Acht gelassen werden konnte, muss sie in dieser Übung in die Beobachtung mit einbezogen werden. Der „Slapstickcharakter", der durch die Angaben im 2. Kärtchenstapel entsteht, erleichtert den Schülerinnen und Schülern die Darstellung von Gefühlen, die durchaus übertrieben werden darf. Dieses Vorgehen lässt einerseits eine Distanz zur eigenen Person zu, erlaubt aber auch die Selbstdarstellung.

Eigene Anmerkungen:

Die Lust am Lachen und andere Gefühle

Baustein 2

Arbeitsmaterial 5

Arbeitsanweisung:

1. Schritt: Lies beide Kärtchen genau.
2. Schritt: Versuche, dir vorzustellen, wie du dich in dieser Situation fühlst:
 In welcher Stimmung führe ich die Tätigkeit aus?
 Bin ich traurig?
 Bin ich wütend?
 Bin ich ärgerlich?
 Finde ich die Situation eher lustig?
3. Schritt: Überlege, wie du Handlung *und* Gefühle deinen Mitschülerinnen und Mitschülern im Spiel „mitteilen" kannst.

Tätigkeiten 2 (Ausschmückung)

Die Schuhe sind besonders schmutzig.	Ein Ärmel der Bluse ist verwurstelt.
Das Schuhputzmittel reicht nicht.	Die Ärmel bzw. Hosenbeine sind zu kurz.
Die Schuhe werden sehr gründlich geputzt.	Das Knopfloch der Hose ist zu eng.
Die Schuhe sind riesig.	Der Reißverschluss der Hose klemmt.
Der Koffer ist zu voll und schließt nicht.	Der Griff reißt ab, der Koffer fällt mir auf den Fuß.

Baustein 2

Arbeitsmaterial 5

Der Koffer ist zu schwer.	
Der Koffer springt beim Hochheben auf, alles fällt heraus.	Ein Windstoß weht die Servietten davon.
Die Zahnpasta schmeckt eklig.	Die Tischdecke ist sehr groß.
Die Zahnpastatube ist verstopft.	Das Bügeleisen ist zu heiß und brennt ein Loch in die Bluse.
Die Zähne werden übertrieben gründlich geputzt.	Der Stoff lässt sich nur schwer bügeln; die Bluse bleibt kraus.
Die Zahnbürste rutscht ab auf das Zahnfleisch.	Das Bügelbrett fällt plötzlich zusammen.
Der Tisch ist zu klein für acht Gedecke.	Beim Bügeln entstehen immer neue Falten.
Ein Teller fällt herunter und zerbricht.	

2.1.3 Masken und Gesichterschneiden (Mimik)

Schwierigkeitsgrad:

Spieldauer: variabel (10–15 Minuten, ohne Vorbesprechung)

Vorarbeit (einmalig):

⇒ Die Schülerinnen und Schüler finden sich zu dritt zusammen.

⇒ Jedes Paar erhält einen Würfel, mit dem man die Zahlen von 1-6 würfeln kann.

⇒ Gemeinsam überlegen Lehrperson und Schülerinnen/Schüler, welche Gefühle man darstellen kann.

⇒ Die wesentlichen an der Mimik beteiligten Gesichtspartien werden benannt: Augenbrauen, Augen, Nase, Mund, und Möglichkeiten ihrer Reduktion erarbeitet: Strich, Kreis, Sternchen z.B. für die Augen (vgl. Arbeitsmaterial 6).

⇒ Zu jedem Gefühl entwerfen die Kinder ein entsprechendes Strichgesicht und ordnen jeder Punktzahl auf dem Würfel ein Gesicht (= Gefühl) zu (als Anregung vgl. auch die Gesichter des Mimürfels).

⇒ Anschließend arbeiten die Kinder in den Gruppen.

Vorgehensweise:

⇒ Der erste Spieler versucht das Gefühl mimisch darzustellen, das die gewürfelte Augenzahl vorgibt. Der zweite Spieler, der den Würfel nicht sehen darf, deutet den Gesichtsausdruck. Der dritte Spieler kontrolliert die Richtigkeit. Hat der zweite Spieler den Gesichtsausdruck nicht zutreffend bestimmt, erhält der erste noch einen weiteren Versuch. Gelingt auch dieser nicht, gibt er den Würfel weiter und probiert es in der nächsten Runde erneut.

⇒ Reihum übernehmen die Mitspieler nacheinander alle drei Funktionen.

⇒ Je nach Ausdauer und Spielfreude können mehrere Durchgänge durchgeführt werden.

Tätigkeitsbereiche:

– Beschreibung (Schulung der Beobachtung)
– Einstimmung auf eine Spielszene
– Charakterisierung (Typisierung)

Vor Beginn des Spiels ist es bei jüngeren Kindern angebracht, sich mit der gesamten Klasse auf die „Würfelgesichter" zu einigen und diese festzulegen. So werden Irritationen vermieden. In höheren Klassen (ab Klasse 7) können die Gruppen selbstständig ihre 6 Gesichter festlegen. Grundsätzlich fällt die Nachahmung der Gefühle allen Spielenden leichter, wenn sie diese mit einer konkreten Vorstellung verbinden, z.B. über einen Vergleich oder eingebettet in eine konkrete Situation (siehe Arbeitsmaterial 6).

Sehr motivierend für die Schülerinnen und Schüler ist es, selbst Würfel herzustellen. In diesem Fall bietet sich eine Zusammenarbeit mit dem Mathematikunterricht (Flächenberechnung) und dem Kunstunterricht an.

Baustein 2: Rollenspiel und darstellendes Spiel

Eine Alternative zu den selbst erfundenen Würfelgesichtern bieten die so genannten Mimürfel (= Mimik + Würfel), die man im pädagogischen Spielhandel erstehen kann.

Besonders jüngere Kinder sind häufig damit überfordert, komplexe Vorgänge zu beobachten und darzustellen. Deshalb versucht diese Übung einerseits durch die Konzentration auf einen Ausdrucksbereich die Beobachtungsgabe der Kinder zu fördern, andererseits durch die Beschränkung auf die Mimik ihre Fähigkeit, sich über den Gesichtsausdruck unmissverständlich mitzuteilen, zu entwickeln. Durch die Rückmeldung (Feedback) der Partner und Partnerinnen werden darüber hinaus auch Differenzen in der Selbstwahrnehmung und Fremdwahrnehmung bewusst. Der Lehrer/die Lehrerin kann den Kindern hierbei helfen, indem er/sie die Aufmerksamkeit auf Details lenkt.

Würfelgesichter

Masken und Gesichterschneiden

sauer

Vergleich:
wie eine Zitrone
Situation:
Jemand hat mich beleidigt.

traurig

Vergleich:
wie ein trüber Regentag
Situation:
Mein Kaninchen ist tot.

wütend

Vergleich:
wie ein Stier
Situation:
Jemand beschimpft mich.

fröhlich

Vergleich:
wie flirrende Sonnenstrahlen
Situation:
Wir machen einen Ausflug.

gelassen (cool)

Vergleich:
wie beim Kartenspiel
Situation:
Wir pokern, spielen Karten.

strahlend

Vergleich:
wie ein Honigkuchenpferd
Situation:
Ich habe die beste Arbeit geschrieben.

2.1.4 Schweigend ins Gespräch vertieft (Mimik, Gestik, Körpersprache)

Schwierigkeitsgrad:

Spieldauer: 20–30 Minuten (inkl. Vorbesprechung)

Vorgehensweise:

⇒ Die Schüler und Schülerinnen bilden Vierergruppen.

⇒ Innerhalb der Gruppe werden Paare gebildet.

⇒ Jedes Paar zieht aus einem Stapel vorbereiteter Karteikärtchen (Arbeitsmaterial 7) eine Situationskarte und eine Gefühlskarte.

⇒ Jedes Paar bespricht die Verteilung der Rollen, die Gestaltung der Situation (ca. 3 Minuten).

⇒ Jedes Paar bespricht die Zielvorstellung, mit der das Dargestellte wiedergegeben werden soll:

  – Berichterstattung (berichten)
  – Erlebniserzählung (erzählen)
  – Reportage
  – Kommentar
  – Miteinander reden, argumentieren, diskutieren

⇒ Nach der Vorbereitungszeit spielt ein Paar der Gruppe dem anderen seine „Geschichte" vor. Die Zuschauenden geben in der abgesprochenen Form wieder, was sie verstanden haben. Missverständnisse werden ausgeräumt, Übereinstimmungen in Spiel und Interpretation werden bestätigt.

⇒ Das zweite Paar spielt seine „Geschichte" vor. Die Besprechung verläuft wie im ersten Durchgang.

⇒ Im anschließenden Unterrichtsgespräch (möglichst im Kreis) werden die Erfahrungen der einzelnen Gruppen ausgetauscht, evtl. durch Beispiele aus dem Alltagserleben ergänzt.

⇒ Zum Abschluss dürfen zwei von den Schülern/Schülerinnen oder der Lehrperson gewählte Paare ihre „Geschichte" noch einmal für alle vorspielen.

Variante

Schwierigkeitsgrad:

Spieldauer: 45 Minuten

Vorgehensweise:

⇒ Die Schüler und Schülerinnen erzählen die erlebte Geschichte schriftlich nach und stecken sie in einen Umschlag.

⇒ Im anschließenden Plenum werden die Geschichten vorgelesen. Jedes Paar soll dabei seine Geschichte wieder erkennen.

⇒ Über die Ursachen von Missverständnissen und Fehlinterpretationen wird im Plenum gesprochen, Strategien zu ihrer Vermeidung werden entwickelt.

Tätigkeitsbereiche:
- Berichterstattung
- Reportage
- Erzählung
- Kommentar
- Wortschatzübungen

In dieser vor allem für 10-11-Jährige noch schwierigen Übung werden die Schüler und Schülerinnen dazu angehalten, Gefühle/Stimmungen eindeutig über den gesamten Körperausdruck mitzuteilen. Die relativ vage Situationsvorgabe initiiert die Gefühle nur, überlässt aber deren konkrete Ausgestaltung den Darstellenden selbst. Dadurch wird auch das Vorstellungsvermögen der Schülerinnen und Schüler angeregt. Die Beobachtenden müssen die komplexen Zusammenhänge zwischen Mimik, Gestik und Körpersprache aufmerksam verfolgen. Darüber hinaus zwingt die anschließende Verbalisierung dazu, das Beobachtete genau zu benennen. Der Schwierigkeitsgrad der Übung kann durch entsprechende Vorgaben variiert werden:

Jahrgangsstufe 5 und 6: Erzählung, Wortschatzübung
Jahrgangsstufe 7 und folgende: Bericht, Reportage, Kommentar

In der Klasse 5 wird der Schwerpunkt noch darauf liegen festzustellen, dass es oft genug Missverständnisse und Fehleinschätzungen in der Deutung des Körperausdrucks gibt, wobei sich die im Spiel gemachten Erfahrungen durch Beispiele aus dem Alltag ergänzen lassen. Die Schüler und Schülerinnen ab der Klasse 6 hingegen können ihre Erfahrungen schon problematisieren und Strategien zur Vermeidung von Missverständnissen und Fehlinterpretationen entwickeln. Je nach Alter und Vorerfahrungen kann diese Übung einfacher oder komplex gestaltet werden. Die Ausgabe der vorbereiteten Kärtchen empfiehlt sich besonders für „Anfänger".

Eigene Anmerkungen:

_____
_____
_____
_____

Spielvarianten:

_____
_____
_____

Baustein 2: Rollenspiel und darstellendes Spiel

Arbeitsanweisungen für die Darstellung:

1. Schritt: Lies laut mit deiner Partnerin/deinem Partner die Situationsbeschreibung auf dem Kärtchen.

2. Schritt: Überlegt euch gemeinsam, welche Vorstellungen und welche Gefühle ihr mit dieser Situation verbindet.

3. Schritt: Verteilt jetzt die Rollen: Wer spielt wen?

4. Schritt: Spielt die Situation mehrfach durch, versucht euch vorzustellen, wie ihr euch in dieser Situation fühlt. Beobachtet einander und versucht auf den anderen einzugehen. Erst wenn ihr sicher seid, dass ihr die Situation nach euren Vorstellungen spielen könnt, kommt der

5. Schritt: Spielt die Situation den beiden anderen aus der Gruppe vor.

Arbeitsanweisungen zum Beobachten:

1. Schritt: Überlegt euch gemeinsam, in welcher Weise ihr das Beobachtete wiedergeben wollt:
- Erzählung
- Berichterstattung
- Reportage
- Kommentar

2. Schritt: Beobachtet genau und achtet auf das Zusammenspiel von
- Mimik
- Gestik
- Körpersprache.

3. Schritt: Deutet eure Beobachtungen und tragt den beiden anderen die „Geschichte" so vor, wie ihr sie verstanden habt.

Variante:

3. Schritt: Schreibt die Geschichte so, wie ihr sie verstanden habt, auf und steckt sie in einen Umschlag.
Schreibt auf den Umschlag die Nummer der Gruppe, zu der ihr gehört.

Baustein 2: Rollenspiel und darstellendes Spiel

„Das ist mein Buch!"

„Wie kannst du nur!"

Schweigend ins Gespräch vertieft

Baustein 2 – Arbeitsmaterial 7

Situation	Stimmung
Ich habe Streit mit meinem Freund/ meiner Freundin.	wütend, zornig, beschwichtigend
Mein Onkel/meine Tante kommt zu Besuch.	fröhlich, glücklich, cool, genervt
Ich berichte meinen Eltern/ den Nachbarn ein Missgeschick.	beschämt, schüchtern, trotzig, verlegen
Ich will jemanden aufheitern, der schlecht gelaunt ist.	fröhlich, lustig, genervt, sauer, unwirsch
Ich warte auf meine Geburtstagsgäste.	erwartungsvoll, ungeduldig, fröhlich

Baustein 2

Arbeitsmaterial 7

Mein Lehrer/meine Lehrerin schimpft mit mir, weil ich schon wieder meine Hausaufgaben vergessen habe.	gleichgültig, trotzig, wütend, kleinlaut, beschämt
Meine Mutter/mein Vater verbietet mir, einen Film zu sehen, den alle meine Freunde/Freundinnen sehen dürfen.	bockig, stur, einsichtig, wütend
Mein Sitznachbar nimmt mir mein Etui weg.	zornig, aufgebracht, freundlich, höflich

2.1.5 Bewegte Rede-Wendungen (Mimik, Gestik, Körpersprache)

Schwierigkeitsgrad:

Spieldauer: variabel, nach Absprache

Vorgehensweise:

⇒ Die Lehrerin/der Lehrer erklärt vorab an dem Beispiel einer Redewendung (vgl. Arbeitsmaterial 8): „Übersetzt die Redewendung in ein Gefühl, indem ihr mit Hilfe von Mimik, Gestik und Körpersprache den Gefühlsgehalt dieser Redewendung so genau wie möglich darstellt."

⇒ Die Schülerinnen und Schüler spielen in Gruppen von 3 bis max. 5 Personen.

⇒ Jedes Gruppenmitglied zieht aus einem für jede Gruppe vorbereiteten Stapel mit max. 8 Kärtchen mindestens eine Karte.

⇒ Jeder liest für sich, was auf dem Kärtchen steht, „übersetzt" die Redewendung in das gemeinte Gefühl und überlegt, wie er es darstellen muss.

⇒ Durch Würfeln wird ermittelt, wer beginnt.

⇒ Wer beginnt, spielt die Redewendung den anderen Gruppenmitgliedern vor.

⇒ Wer als Erster erraten hat, welches Gefühl dargestellt wird, darf weitermachen.

⇒ Wenn alle Redewendungen vorgespielt und erraten worden sind bzw. wenn jeder wenigstens eine Redewendung vorgespielt hat, ist das Spiel beendet.

⇒ Im Plenum werden anschließend Erfahrungen ausgetauscht, die die Schülerinnen und Schüler im Spiel gemacht haben.

Variante 1

Vorgehensweise:

⇒ Im Plenum werden verschiedene Redewendungen (vgl. Arbeitsmaterial 8) in das dahinter stehende Gefühl „übersetzt".

⇒ Eine Schülerin/ein Schüler versucht eine dieser Redewendungen darzustellen. Die Übrigen benennen die dargestellte Gefühlsäußerung und finden die dazu passende Redewendung.

⇒ Anschließend finden sich Gruppen von 3-5 Personen zusammen, in denen gemeinsam weitere Redewendungen (mindestens 3) nach dem vorgestellten Muster gefunden werden.

⇒ Gemeinsam erprobt die Gruppe die bestmögliche Darstellung ihrer Redewendungen.

⇒ Ist die Vorarbeit beendet, sucht sich die Gruppe eine andere Gruppe, die ebenfalls fertig ist, und spielt dieser die Redewendungen vor.

⇒ Ziel ist es, dass alle dargestellten Gefühle erraten und die Redewendungen möglichst genau formuliert werden.

Variante 2

Vorgehensweise:

⇒ Im Plenum werden einzelne Redewendungen (vgl. Arbeitsmaterial 8) „übersetzt", d.h., das mit der Redewendung gemeinte Gefühl wird benannt.

⇒ In Gruppen von 3 Personen überlegen sich anschließend die Schülerinnen und Schüler weitere Redewendungen nach dem vorgegebenen Beispiel.

⇒ Die Redewendungen werden auf Pappkärtchen geschrieben und eingesammelt.
⇒ Die Klasse bildet nun zwei Gruppen, A und B, und bestimmt eine Mitschülerin/einen Mitschüler als Schiedsrichter.
⇒ Die Spielzeit für einen Durchlauf wird festgelegt (zwischen 5 und 10 Minuten; dann evtl. Wechsel der Gruppen und neues Spiel).
⇒ Durch Würfeln oder Auszählen wird ermittelt, welche Gruppe beginnt. Ein neutraler Beobachter (Lehrperson oder Mitschüler/Mitschülerin) kontrolliert die Richtigkeit.
⇒ Beginnt z.B. *Gruppe A*, darf ein Mitglied aus dieser Gruppe nach vorn gehen, aus dem Stapel ein Kärtchen ziehen und muss nun versuchen das mit der Redewendung ausgedrückte Gefühl spontan darzustellen.
⇒ Gruppe A darf nun zuerst raten. Hat sie das Gefühl richtig *gedeutet*, bekommt sie einen Punkt und darf so lange weitermachen, bis eine Antwort falsch ist. Dann bekommt die *Gruppe B* eine Chance. Ist deren Antwort zutreffend, erhält sie einen Punkt und darf weitermachen usw.
⇒ Gewonnen hat am Schluss die Gruppe mit den meisten Punkten.

Tätigkeitsbereiche:
– Wortschatzübungen
– Förderung des Körperbewusstseins
– genaues Beobachten
– Vorarbeit zur Text- und Gedichtinterpretation (Deutung der Redewendungen – Metaphorik)

Kommentar
Diese Übung fördert, je nach Variante, die sprachliche und körpersprachliche Kreativität der Kinder und Jugendlichen in besonderem Maße: Sie entwickeln ein Gespür für die den Formulierungen innewohnenden Sprachbilder, lernen sie zu deuten und ihren Gehalt zu benennen. Sie entwickeln ihr Vorstellungsvermögen auf der Grundlage eines wachsenden Bewusstseins ihres eigenen Körperausdrucks und werden sensibilisiert für dessen Wirkung.
Machen die Schülerinnen und Schüler die Übung zum ersten Mal, sollte zunächst das Gewicht auf Darstellen, Beobachten und Benennen der Gefühle gelegt werden. Erst dann sollte die genaue Formulierung der Redewendung eine Rolle spielen.

Eigene Anmerkungen:
_____
_____
_____
_____

Spielvarianten:
_____
_____
_____

Bewegte Rede-Wendungen

Redewendungen (ein Gefühl bildhaft vorstellen)

wütend:	schnauben wie ein Stier auf den Boden stampfen
traurig:	wie ein Trauerkloß dasitzen den Kopf hängen lassen
ungeduldig:	wie ein Tiger im Käfig hin- und herlaufen
zornig:	die Fäuste ballen mit dem Fuß aufstampfen
gelangweilt:	Löcher in die Luft starren
abweisend:	die kalte Schulter zeigen
erschreckt:	wie angewurzelt stehen bleiben die Luft anhalten
fröhlich:	vor Freude einen Luftsprung machen
verzweifelt:	sich die Haare raufen die Hände ringen
aggressiv:	jemandem die Zähne zeigen
hochmütig:	die Nase hoch tragen
ängstlich:	sich in einem Mauseloch verkriechen
begeistert:	in die Hände klatschen
staunend:	große Augen machen
beschämt:	im Boden versinken
glücklich:	die Welt umarmen

2.2 ❒ Das Zusammenspiel von Körperausdruck und Sprechausdruck

Ziele

– den Zusammenhang zwischen Sprechen und Körpersprache bewusst machen
– die Koordination von Sprechausdruck und Körperausdruck spielerisch erarbeiten
– die Sprechausdrucksmöglichkeiten (Sprechmelodie, Dynamik, Tempo und Pausen, Artikulation) erfahrbar machen
– die Sprechausdrucksmöglichkeiten auf der Grundlage der eigenen Persönlichkeitsstruktur erweitern
– die Kooperationsfähigkeit, das Handeln in der Gruppe fördern
– das Wahrnehmungsvermögen und die Zuhörfähigkeit schulen

2.2.1 Kauderwelsch

Schwierigkeitsgrad:

Spieldauer: ca. 10–15 Minuten (inkl. Erläuterung)

Vorgehensweise:

⇒ Die Schülerinnen und Schüler finden sich zu Paaren zusammen.
⇒ Eine am Unterrichtsgegenstand orientierte „Gesprächssituation" wird vorgegeben.
⇒ Die „Gesprächspartner" legen auf der Grundlage der vorgegebenen Gesprächssituation ihre Rolle fest.
⇒ Die beiden „Gesprächspartner" „sprechen" miteinander, indem sie Laute ohne Sinn artikulieren.
⇒ Sie vermitteln den Sinn des Gesagten lediglich über den Sprechausdruck und den Körperausdruck.
⇒ Jeder beobachtet den anderen genau und versucht auf ihn zu reagieren.
⇒ Am Schluss des Spiels tauschen sich die beiden „Gesprächspartner" über den Inhalt ihres „Gesprächs" aus.
⇒ Im anschließenden Plenum diskutieren die Schülerinnen und Schüler ihre Erfahrungen hinsichtlich der Verständigungsmöglichkeiten und -schwierigkeiten anhand von Fragen, z.B.:
– Was hat mir die Verständigung erleichtert?
– An welchen Stellen hatte ich Verständnisprobleme und warum?
⇒ Je nach Unterrichtsgegenstand versuchen sie aus dem „Gesprächsverhalten" auch Rückschlüsse auf den Charakter der anderen Rollenfigur zu ziehen:
– Ist sie eher zurückhaltend?
– Ist es ein temperamentvoller Mensch?
– Gerät der andere schnell in Wut?
– Wodurch entsteht der gewonnene Eindruck?

Baustein 2: Rollenspiel und darstellendes Spiel

Tätigkeitsbereiche:

- Argumentation, Diskussion
- Dialogbesprechung in einer Lektüre (Jugendbuch, Geschichte)
- Training Gesprächsverhalten
- Charakterisierung (Personenbeschreibung)

Kommentar Bei dieser Übung müssen die Spielpartner und Spielpartnerinnen einander genau beobachten, da sie ausschließlich über den Körperausdruck und Sprechausdruck Hinweise darauf bekommen, was der/die andere meinen könnte. Andererseits erfahren sie in dieser Übung, in welchem Umfang die nonverbalen Ausdrucksmittel am Zustandekommen der Verständigung beteiligt sind. Indem sie die Wirkung hinterfragen, die das Gesprächsverhalten des anderen auf sie gemacht hat, werden sie mit der Zeit sensibilisiert für die Wahrnehmung nonverbalen Verhaltens. Wichtig ist, diese Übung in eine konkrete Situation einzubetten, die sich aus dem aktuellen Unterrichtsgegenstand ergibt (z.B. Diskussion). Auf diese Weise kann der Gefahr der Entgleisung der Spielsituation entgegengewirkt werden.

Eigene Anmerkungen:

_____
_____
_____
_____
_____
_____
_____
_____

Spielvariante:

_____
_____
_____
_____
_____
_____
_____
_____
_____

2.2.2 Der Weg nach ...

Schwierigkeitsgrad:

Spieldauer: 10–15 Minuten

Vorgehensweise:

⇒ Tische und Stühle werden an die Seite geräumt, so dass eine große freie Fläche entsteht. Die Kinder bzw. Jugendlichen verteilen sich in der Klasse und gehen kreuz und quer zunächst im Schlenderschritt durch den gesamten freien Raum.

⇒ Je nach Unterrichtsgegenstand erzählt die Lehrerin/der Lehrer eine Geschichte (vgl. z.B. Arbeitsmaterial 9), die im Wechsel folgende Elemente enthält:

– **Anspannung:** Alle recken und strecken sich; sie gehen auf Zehenspitzen; sie krallen Zehen und ballen Fäuste, sie springen in die Luft; sie machen sich ganz klein, sie strecken die Arme (abwehrend, in Angriffshaltung) von sich, sie hüpfen und werfen dabei die Arme in die Luft.

– **Entspannung:** Die Kinder bzw. Jugendlichen schlurfen; sie schlackern mit Armen und Beinen; sie fallen in sich zusammen; sie gehen langsam, schlaff, mit hängendem Kopf und hängenden Schultern.

⇒ Passend zur Geschichte und zur Körperhaltung (angespannt oder entspannt) geben die Schülerinnen und Schüler einzelne Laute von sich wie „iiiiii", „ahh" etc. oder sprechen von Zeit zu Zeit einzelne Wörter bzw. kurze Sätze wie „Hau ab!", „Ich will nicht!", „Komm her!", „Hallo!", „Lass mich in Ruh'!", „Hey, du!" oder Ähnliches in verschiedenen Stimmungen (freundlich, befehlend, ablehnend, wütend etc.).

Tätigkeitsbereiche:

– Einstimmung auf ein Spielgeschehen
– Besprechung einzelner Situationen in einem Jugendbuch, einer Geschichte (z.B. Märchen), einem Gedicht

Diese Übung dient einerseits dazu, Fehlspannungen durch einen steten Wechsel von Spannung und Entspannung abzubauen. Andererseits erfahren die Kinder und Jugendlichen in dieser Übung den Zusammenhang zwischen Körperspannung und Sprechen und lernen so, zielgerichtet und intentional zu sprechen. Darüber hinaus ist diese Übung in ihren vielen möglichen Varianten sehr gut geeignet in eine Situation einzuführen, eine Situation vorstellbar zu machen, indem sie erlebt wird. Das nachfolgende Beispiel einer Bewegungsgeschichte kann auf vielfältige Weise variiert und angewandt werden. Zu fast allen literarischen oder alltäglichen Situationen lassen sich Bewegungsgeschichten nach dem vorgestellten Muster erfinden.

Der Weg nach...

Baustein 2
Arbeitsmaterial 9

Beispiel für eine Bewegungsgeschichte zum Thema Märchen

Wir sind vor einer bösen Hexe davongelaufen in den großen dunklen Wald. Wir haben Angst und kauern uns unter einen Busch. (*Alle Kinder machen sich so klein wie möglich.*) Wir frieren. (*Die Kindern zittern, ballen die Hände zu Fäusten, spannen die Muskeln an.*) Plötzlich hören wir ein Geräusch. (*Alle Kinder heben den Kopf und lauschen.*) Ach, es war nur ein hoppelnder Hase. Erleichtert seufzen wir und entspannen uns. (*Die Kinder stehen auf, seufzen hörbar und schlenkern die Glieder.*) Da, ein neues Geräusch wie von Schritten. In blinder Hast rennen wir los, passen aber auf, dass wir den Bäumen ausweichen. (*Die Kinder rennen kreuz und quer durch den Raum, achten aber darauf, dass sie sich nicht anrempeln.*) Endlich sehen wir ein Licht, ein Haus. Wir sind gerettet. In der Tür steht ein alter Mann. Wir begrüßen ihn: „Hallo!" (*Alle Kinder bleiben stehen, suchen sich eine Partnerin/einen Partner, sagen freundlich „Hallo!".*)

Wir übernachten bei dem freundlichen alten Mann und wachen am nächsten Morgen erfrischt auf. (*Alle Kinder recken und strecken sich.*) Wir begrüßen uns: „Guten Morgen" oder „Gut geschlafen", die Frühaufsteher freundlich, die Morgenmuffel mürrisch. (*Während die Kinder im Raum herumgehen, suchen sie mit den Augen jeweils jemanden, den sie in der vorgegebenen Weise begrüßen.*)

Wir brechen auf. Der Tag ist heiß, die Sonne brennt. Die Füße tun weh. (*Die Kinder schlurfen.*) Schließlich entdecken wir einen kleinen Bach. Das Wasser kühlt unsere Füße. Wir entspannen uns: „Ah, tut das gut." (*Während alle Kinder diesen Satz sprechen, „waten" sie mit den Füßen durch das Wasser.*) Doch noch sind wir nicht am Ziel. Vor uns liegt ein Steinfeld mit spitzen Steinen. Barfuß wie wir sind, bemühen wir uns, so schnell wie möglich hinüberzukommen. (*Die Kinder laufen auf Zehenspitzen, auf halber Sohle quer durch den Raum und stoßen dabei spitze Schreie aus.*) Endlich, wir haben es geschafft. Das saftige, dichte, weiche Gras streichelt unsere Fußsohlen. „Schön!" (*Die Kinder bewegen die Zehen, setzen die Füße mit der ganzen Sohle auf, versuchen das „Gras unter den Füßen" zu spüren. Sie entspannen sich und drücken ihr Wohlbefinden aus: "Schön!".*) Jetzt erst wird uns bewusst, dass wir dem Bannkreis der Hexe endgültig entkommen sind. Wir springen und hüpfen vor Freude: „Juhuuuu!" (*Alle Kinder springen und hüpfen, werfen die Arme in die Luft, begleiten die körperliche Bewegung durch einen Jubelschrei.*)

Eigene Anmerkungen:

_____
_____
_____
_____
_____

2.2.3 Gespräche

Schwierigkeitsgrad: ☻ – ☻☻☻

Spieldauer: variabel

Vorgehensweise:

⇒ Die Schülerinnen und Schüler arbeiten zu zweit.
⇒ Jedes Paar bekommt einen Text (vgl. Arbeitsmaterial 10).
⇒ Je nach Textlänge sollten zur Erarbeitung 10-20 Minuten vorgegeben werden.
⇒ Gemeinsam entwerfen die Kinder eine Sprechsituation, in der das „Gespräch" stattfinden soll (Texte 1, 2, 4, 6, 8, 9), sofern sie nicht durch den Inhalt des „Gesprächs" vorgegeben ist (Texte 3, 5, 7).
⇒ Der Text wird mit verteilten Rollen gelesen.
⇒ Indem sie den Text mehrfach sprechen, entwickeln die Schülerinnen und Schüler eine Vorstellung von der Persönlichkeit der Figur, die sie in dem Gespräch darstellen wollen.
⇒ Nach Beendigung der Partnerarbeit setzen sich alle in einen Kreis und stellen ihr „Gespräch" den anderen vor.
⇒ Die anderen Kinder beschreiben ihre Eindrücke, die mit den Vorstellungen der Darsteller und Darstellerinnen verglichen werden.
⇒ Als Mittel der Mitteilung (aufseiten der Sprechenden) und Medium des Verstehens (aufseiten der Zuhörenden) werden genannt:
- Sprechmelodie
- Akzentuierung des Wichtigsten
- Lautstärkewechsel (Dynamik)
- sprechbegleitende Gesten
- Mimik
- Gestik
- Körpersprache

Tätigkeitsbereiche:
- Textarbeit (Interpretation)
- Leseübungen
- Personenbeschreibung
- Gesprächssituationen (argumentieren, diskutieren, streiten)

In dieser Übung geht es darum, für die Schülerinnen und Schüler erlebbar zu machen, wie die Sprechweise im Zusammenhang mit sprechbegleitender Mimik, Gestik und Körpersprache die gegenseitige Verständigung beeinflusst. Indem sie durch Akzentuierung, Sprechmelodie und Lautstärkewechsel das herausheben, was ihnen wichtig erscheint, begreifen die Sprechenden diese nonverbalen Ausdrucksmöglichkeiten als Mittel der Mitteilung, die Zuhörenden erfahren sie als Medium des Verstehens. Insofern eignen sich Übungen dieser Art auch als Leseübungen.

Indem die das Sprechen begleitenden Gesten, die Mimik und die Körpersprache als unmittelbarer Ausdruck des Gesagten beobachtet werden können, erfahren die Kinder und Jugendlichen den Zusammenhang zwischen sprechsprachlichem und körpersprachlichem Ausdruck.

Der 3. Text eignet sich von der Situation her auch gut als Sprech-Hörübung. Da die Situation vorgibt, dass die Sprechenden sich gegenseitig nicht sehen, müssen sie sich ausschließlich über die Sprechweise mitteilen (vgl. hierzu auch die Übungen im 3. Baustein, z.B. Telefonieren).

Die ersten Texte (1-5) eignen sich vom Schwierigkeitsgrad her besonders für die Klassen 5 und 6, die übrigen Texte sind anspruchsvoller, lassen sich jedoch grundsätzlich auch in allen Jahrgangsstufen einsetzen.

Die Textauswahl ist so angelegt, dass jeder Text in eine Rahmensituation eingebettet werden muss. Entweder ist diese Situation schon implizit im Text enthalten oder wird von den Schülerinnen und Schülern entworfen. Auf diese Weise machen sie die Erfahrung, dass jegliches Sprechen auch situativ bedingt ist, die Sprechsituation den Verlauf des „Gesprächs" entscheidend mit beeinflusst.

Viel Spaß macht es auch, ähnliche Texte wie die vorgestellten selbst zu entwerfen und zu spielen.

Eigene Anmerkungen:

_____
_____
_____
_____
_____
_____
_____
_____

Weitere Texte:

_____
_____
_____
_____
_____
_____
_____

Baustein 2: Rollenspiel und darstellendes Spiel

Gespräche

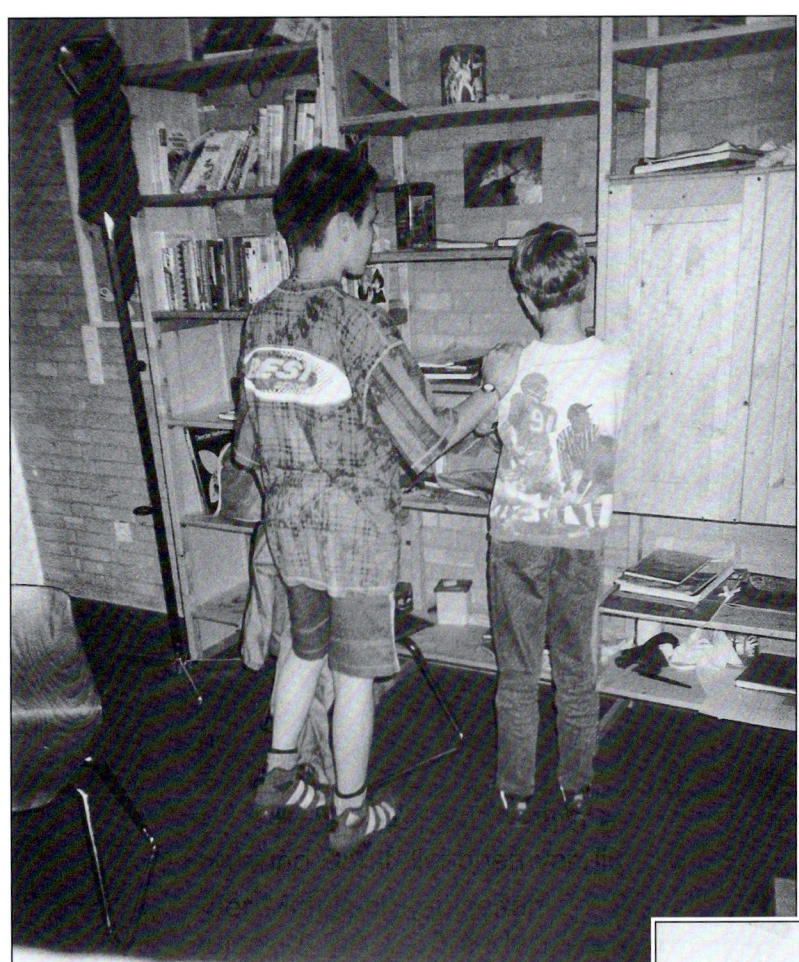

Gespräche

Text 1

Norbert Höchtlen
das gespräch

hmmm
was?
hmmm
hä?
hmmm
hahaha
hmmm

mögliche Situation: altes Ehepaar, zwei Freundinnen etc.

Text 2

Eugen Gomringer

ping pong
    ping pong ping
    pong ping pong
        ping pong

mögliche Situation: Diskussion

Text 3

Wolfdietrich Schnurre
Auf dem Klo

Biste endlich fertig da drin?
    Fertig? Was meinst n damit?
Rat mal.
    Wenn de d a s meinst, schon lange.
Und was sitzte da noch?
    Ich überleg.
Was.
    Warum man so selten in Ruh gelassen wird,
    wenn man mal n Momentchen für sich is.

Text 4

Ernst Jandl
talk

blaablaablaablaa	bäbäbäbbb
blaablaablaa	blaablaablaablaa
blaablaablaablaa	bäbb
blaablaablaa	bäbbbäb
bäbb	blaablaablaa
bäbb	bäbäbbb
bäbbäb	bäbb
bäbbäbäb	bäbb
bäbäbbb	bäbbbäb
bäbb	bäbäbbb
bäbb	blaablaablaablaa
bäbbbäb	bäbäbbb
bäbbbäb	

mögliche Situation: Tratsch zwischen zwei Nachbarinnen oder Nachbarn

Text 5

Wolfdietrich Schnurre
Eskalation

Komm ran.
    Komm du doch ran.
Du sollst rankomm!
    Selber.
Feiger Hund.
    Penner.
Nulpe.
    Tüte.
Flasche.
    Kacker.
Scheißer.
    Arschgesicht.
Wind-Ei.
    Pfeifenkopp.
Eckenpisser.
    Stinkstiebel.
Drecksack.
    Saustück.
Mistschwein.
    Muttersöhnchen.
Das nimmste zurück!
    (Keilerei.)

Text 6

Konrad Bayer
franz war

franz war.
war franz?
franz.
war.
wahr.
war wahr.
wirr.
wir.
franz, wir!
wir, franz.
ihr.
franz, war wirr.
war franz irr?
wirrwarr.

Situation: Gespräch über einen abwesenden Freund (oder selbst Situation herstellen lassen)

Text 7

Horst Bienek
Klatsch am Sonntagmorgen

Wer mit wem?
Die mit dem!
Der mit der?
(Ohne Gewähr)
Sie und er?
Der und er??
Wer ist wer?
Wir mit ihr?
Sie mit dir!
(Am Klavier)
Du mit ihm!
Sie mit him!
Ich und du?
Who ist who?

Text 8

Helmut Heißenbüttel
Gelegenheitsgedicht Nr. 3

ists
es ist
was ists
das ists
ists das
das wärs

gibt's das
das gibt's
was gibt's denn da schon wieder
da gibt's was
ists denn das
wenns das wäre
das wärs

es sei denn dass
was solls
solls denn was
was solls

Text 9

Theodor Weißenborn
affektiv

pitsch!
    pitsch! pitsch!
    pitsch!
    petsch! Petsch!
P E N G G
    pengg!   Pengg!
    W U M M M M M !
        W U M M M M! W U M M M M!
raaaaaa-
W U M M M M M M M M M M M M M!

2.2.4 Der richtige Ton

Schwierigkeitsgrad:

Spieldauer: 15–20 Minuten

Vorgehensweise:

⇒ Die Kinder spielen zu dritt.

⇒ Jede Gruppe bekommt einen Stapel mit sechs Kärtchen, die Situationsanweisungen enthalten (Arbeitsmaterial 11).

⇒ Jeweils zwei Kinder spielen eine Situation, das dritte beobachtet. Damit alle Kinder alle Funktionen übernehmen können, gibt es drei Durchgänge.

⇒ Für jeden Durchgang wird eine neue Karte aus dem Stapel gezogen.

⇒ Nachdem ein Kind eine Karte gezogen hat, spricht es kurz die Situation und die Rollenverteilung mit dem Spielpartner/der Spielpartnerin ab. Das beobachtende Kind darf diese Absprache nicht mitbekommen.

⇒ Die beiden Spielpartner/Spielpartnerinnen spielen nun die Situation dem dritten Kind vor. Dieses muss aus dem Sprechverhalten der Spielenden die Situation und die Personenkonstellation erschließen.

⇒ Missverständnisse werden nach jedem Durchgang geklärt, mögliche Ursachen ermittelt.

⇒ Zum Abschluss tauschen die Kinder im Unterrichtsgespräch ihre Erfahrungen mit dem Spiel aus.

Tätigkeitsbereiche:

– Situationsbeschreibung

– Wortfeldarbeit (anhand der vorgegebenen Situationen)

– Gesprächsführung

Indem die Kinder spielerisch dazu angehalten werden, sich auf eine vorgegebene Situation sprachlich (wie formuliere ich?) und nonverbal (wie gestalte ich das Formulierte?) einzustellen, lernen sie ihre Ausdrucksmöglichkeiten kennen und erweitern sie, ohne dass ihre Person, ihre Persönlichkeit zur Disposition gestellt wird. Der an das Spiel anschließende kurze Austausch dient einerseits dazu, den Spielenden eine Rückmeldung darüber zu geben, ob die gedachte Wirkung der tatsächlichen entsprach, und erfordert andererseits eine genaue, konzentrierte Beobachtung. Der wechselseitige Gedankenaustausch zwingt darüber hinaus zu genauen Formulierungen, fördert so das sprachliche Ausdrucksvermögen der Kinder.

Der richtige Ton

Baustein 2
Arbeitsblatt 11

Situation:
sich auf dem Bahnhof verabschieden
Personen:
zwei Freunde/Freundinnen
oder: Oma – Enkelin

Situation:
ohne Fahrschein fahren, Fahrschein vorweisen müssen
Personen:
Fahrgast – Schaffner/in

Situation:
um eine Sonderbriefmarke feilschen
Personen:
Schüler/in – Briefmarkenhändler/in

Situation:
Fußball in Nachbars Rabatten
Personen:
Kind – Nachbar/in

Situation:
lange Warteschlange an der Kasse im Supermarkt
Personen:
Kassierer/in – Kunde/Kundin

Situation:
sich bei einer Verabredung verspäten
Personen:
Freund/in – Freund/in
oder: Erwachsener – Kind

2.2.5 Sprechhaltungen

Schwierigkeitsgrad:

Spieldauer: abhängig von den Unterrichtszielen

Vorgehensweise:

⇒ Die Schülerinnen und Schüler arbeiten in PA oder GA.

⇒ Die Lehrerin/der Lehrer bereitet Kärtchen vor mit unterschiedlichen Sätzen aus einem Text, der gerade im Unterricht behandelt wird (vgl. Arbeitsmaterial 12).

⇒ Mit Hilfe der Mimürfel (vgl. 2.1.3) bestimmen die Schülerinnen und Schüler mehrere Sprechhaltungen, aus denen heraus der Satz gesprochen werden soll, und probieren diese aus (Sprechausdruck *und* Körperausdruck).

⇒ Die Schülerinnen und Schüler entscheiden, welche Sprechweise im Zusammenhang des Textes angemessen ist, nach den Kriterien: Sprechsituation, Sprechabsicht, Charaktere.

Tätigkeitsbereiche:

– Lesen
– Textinterpretation
– Vorbereitung auf das darstellende Spiel (dramatischer Text)
– Charakterisierung von Personen

Diese Übung ist in der vorgestellten Form eher für ältere Schülerinnen und Schüler geeignet, da sie eine Vielzahl von sprechkonstituierenden Bedingungen enthält (wann spricht wer wie mit wem über was in welcher Situation mit welchem Ziel?); doch lässt sie sich auch schon bei den Sechstklässlern in reduzierter Form einsetzen, indem nur einzelne Bedingungen als relevant hervorgehoben werden (z.B.: was sagt wer wie zu wem?). Mit dieser Übung, in der dieselben Sätze unterschiedlich gesprochen werden, kann den Schülerinnen und Schülern der Zusammenhang zwischen Sprechweise, Sprechabsicht und Wirkung des Sprechausdrucks bewusst gemacht werden.

Bei der Auswahl der Sätze ist es sinnvoll darauf zu achten, dass sie, aus dem Kontext herausgenommen, verschiedene Sprechweisen auch zulassen.

Baustein 2: Rollenspiel und darstellendes Spiel

„Was tust du hier, du Hund?"

Sprechhaltungen

Baustein 2
Arbeitsmaterial 12

Beispiele aus: *Gottfried Keller*
Romeo und Julia auf dem Dorfe

Ich sehe auch nicht, wo der Streit herkommen soll. (S. 10)

Rede doch nicht so spaßhaft. (S. 11)

Da wären wir. (S. 18)

Stör mich nicht! (S. 19)

Lass mich nur machen! (S. 19)

Was tust du hier, du Hund? (S. 22)

Geh in Gottes Namen deiner Wege, Sali! (S. 28)

Woher weißt du das? (S. 32)

Komm, ich muss nun gehen. (S. 33)

2.2.6 Ein Weg zum darstellenden Spiel

Grundsätzliche Überlegungen zur szenischen Gestaltung eines dramatischen Textes

Leseprobe: Zunächst wird eine Leseprobe angesetzt. Diese soll dabei helfen, einen ersten Einblick in den Gehalt des Textes (oder Textauszugs) zu gewinnen, erste Eindrücke zu Personen, Konflikten und Situationen zu sammeln, erste Vorstellungen zu entwickeln, den Text mit Blick auf die Darstellung möglicherweise durch Kürzungen zu straffen.

Rollenbesprechung: Auf die Leseprobe folgt eine Besprechung der einzelnen Rollen. Über das Rollenspiel geschieht eine erste Annäherung an die Charaktere:
- Wie spricht die Person (*Sprechausdruck*)?
- Wie drückt sich ihre Persönlichkeit in der Haltung, Mimik und Gestik aus (*Körperausdruck*)?
- Wie verhält sie sich?

Verschiedene Möglichkeiten der Gestaltung werden ausprobiert und reflektiert, anschließend in vorläufigen Regieanweisungen festgehalten. In der Bearbeitung der Rollen geschieht eine Auseinandersetzung mit den Personen und den eigenen Vorstellungen.

Intention: Wichtig ist, über die Auseinandersetzung mit den Charakteren des Textes (Textauszugs) hinaus einen Konsens aller Beteiligten hinsichtlich der beabsichtigten Gesamtaussage herzustellen:
- Worum geht es uns?
- Was wollen wir den Zuschauenden mit unserer Darstellung vermitteln?

Dabei geschieht es häufig, dass sich die zunächst beabsichtigte Aussage in der Erarbeitung verschiebt, da durch die intensive Beschäftigung mit den Rollen neue Sichtweisen entstehen, neue Erkenntnisse gewonnen werden.

Aneignung der Rolle: Nur aus der Vorstellung der darzustellenden Person (Figur) heraus lässt sich eine Rolle glaubwürdig gestalten. Diese Vorstellungen können z.B. durch Fantasiereisen oder Rollenspiele provoziert werden, durch die die Schülerinnen und Schüler ein Gespür für die Personen entwickeln. Einzelne Übungen zum Sprechausdruck und Körperausdruck, in die schon Rollenmerkmale eingearbeitet werden können, stimmen die Agierenden auf die Spielsituation ein. Unerlässlich sind in dieser Phase auch Übungen zu den Elementarprozessen (vgl. Anwendungspraxis, S. 8).

Inszenierung: Sobald alle Beteiligten ihre Rolle einigermaßen beherrschen, wird die Szene geprobt. Stimm- und Atemübungen vor dem Spiel helfen den Schülerinnen und Schülern Verkrampfungen abzubauen, sich auf die Spielsituation zu konzentrieren und auf die Rolle einzustellen. Stellproben sind wichtig, damit die Akteure miteinander und nicht aneinander vorbei spielen. Requisiten sind im darstellenden Spiel sehr hilfreich, tragen dazu bei, die Handlung realer erscheinen zu lassen. Allerdings genügen oft Kleinigkeiten, ein Halstuch, eine Mütze, eine veränderte Frisur, um die Personen zu kennzeichnen. Gegenstände im Klassenraum lassen sich mit ein wenig Fantasie rasch umfunktionieren.

Die nicht unmittelbar am Spiel beteiligten Schülerinnen und Schüler übernehmen die Regie, d.h., sie reflektieren das Spiel, machen Vorschläge, erarbeiten mit den Spielenden die Gestaltung der Rollen. Auf diese Weise geschieht eine intensive Auseinandersetzung mit dem Text, der dem Spiel zugrunde liegt. Insofern kann das darstellende Spiel *als eine Methode der Interpretation* aufgefasst werden.

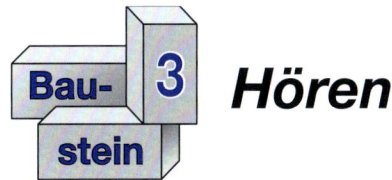# Baustein 3: *Hören*

3.1 ☐ Lautdiskrimination und Lautidentifikation

Ziele

- die Fähigkeit zur Lautunterscheidung fördern
- die Fähigkeit zur Lautidentifizierung entwickeln
- die Wahrnehmung durch das Hören erweitern
- die Konzentrationsfähigkeit schulen

3.1.1 Die Stille hören

Schwierigkeitsgrad:

Spieldauer: variabel

Vorgehensweise:

⇒ Die Lehrperson gibt eine Grundsituation vor: den Klassenraum
⇒ Alle Kinder setzen sich bequem (z.B. Kutscherhaltung) hin, schließen die Augen und lauschen den Geräuschen, die sie umgeben, ca. 2-3 Minuten (je nach Konzentrationsfähigkeit der Klasse).
⇒ Anschließend erzählen die Kinder, welche Geräusche sie wahrgenommen haben.

Tätigkeitsbereiche:

- Wortschatzübungen
- Geschichten erzählen (die Geräusche als Erzählimpuls)
- Einführung in das Thema Sinneswahrnehmung (Zusammenarbeit z.B. mit dem Biologieunterricht)
- Arbeit mit Gedichten und Texten, in denen es um Hörerlebnisse geht (vgl. Arbeitsmaterial 13).

 Die Erfahrung, die Umgebung nur über ein Sinnesorgan wahrzunehmen, ist vielen Kindern neu und schon deshalb ein Erlebnis. Besonders überrascht sie die Vielzahl unterschiedlicher Geräusche, die sie im Alltagserleben gar nicht zur Kenntnis nehmen. Diese Übung fördert das Hörvermögen der Lernenden und sensibilisiert sie für den Gehalt von Texten (vgl. Arbeitsmaterial 13), in denen das Hören (Text 1) und das Lauschen (Text 2, 3 und 4) thematisiert werden.

Die Stille hören

Baustein 3 · Arbeitsblatt 13

Text 1

Frederic Hetmann
Indianergeschichte

Ein Indianer besucht einen Stadtmenschen. Die beiden gehen durch die Straßen. Autos, LKW's, Busse, Trams – viel Lärm. Der Indianer: „Hörst du – da zirpt eine Grille." Der weiße Mann: „Du musst dich täuschen, hier gibt's keine Grillen. Hier zirpt auch keine."
Nach ein paar Schritten tritt der Indianer an eine Mauer. Ein paar wilde Weinranken hängen herab. Der Indianer hebt ein Blatt: Da sitzt eine Grille. Jetzt, nachdem der weiße Mann sie gesehen hat, kann er sie auch hören.
Die beiden gehen weiter. Der Weiße: „Kein Wunder, dass du bessere Ohren hast. Du bist der Natur so viel näher." Darauf der Indianer: „Du täuschst dich." Unauffällig lässt er ein 50-Cent-Stück aus seiner Tasche auf den Boden fallen. Es klimpert ein wenig auf dem Asphalt. Ein paar Menschen bleiben stehen, schauen sich um, einer bückt sich, steckt das Geldstück ein, geht weiter.
Der Indianer: „Das Geldstück war nicht lauter als die Grille."

Text 2

Ernst Jandl
flatt

flatt

flatt

    der vogel

flatt

flatt liegt

    der vogel

flattgedrückt

flatt

Text 3

Johann Wolfgang von Goethe
Ein gleiches

Über allen Gipfeln
Ist Ruh,
In allen Wipfeln
Spürest du
Kaum einen Hauch;
Die Vögelein schweigen im Walde.
Warte nur, balde
Ruhest du auch.

Text 4

Theodor Storm
Abseits

Es ist so still; die Heide liegt
Im warmen Mittagssonnenstrahle,
Ein rosenroter Schimmer fliegt
Um ihre alten Gräbermale;
Die Kräuter blühn; der Heideduft
Steigt in die blaue Sommerluft.

Laufkäfer hasten durchs Gesträuch
In ihren goldnen Panzerröckchen,
Die Bienen hängen Zweig um Zweig
Sich an der Edelheide Glöckchen,
Die Vögel schwirren aus dem Kraut -
Die Luft ist voller Lerchenlaut.

Ein halbverfallnes niedrig Haus
Steht einsam hier und sonnbeschienen,
Der Kätner lehnt zur Tür hinaus,
behaglich blinzelnd nach den Bienen,
Sein Junge auf dem Stein davor
Schnitzt Pfeifen sich aus Kälberrohr.

Kaum zittert durch die Mittagsruh
Ein Schlag der Dorfuhr, der entfernten;
Dem Alten fällt die Wimper zu,
Er träumt von seinen Honigernten.
- Kein Klang der aufgeregten Zeit
Drang noch in diese Einsamkeit.

3.1.2 Hördetektive (1)

Schwierigkeitsgrad:

Spieldauer: 10–15 Minuten

Vorgehensweise:

⇒ Die Kinder arbeiten zu dritt oder viert. Es sollten insgesamt nicht mehr als 7 Gruppen gebildet werden.

⇒ Jede Gruppe überlegt sich ein Geräusch, das mit den in der Klasse befindlichen Gegenständen und Möglichkeiten erzeugt werden kann, z.B. ein tropfender Wasserhahn, auf der Tafel quietschende Kreide, Füßetrampeln, mit dem Stuhl rücken, mit dem Stift klappern, ein Fenster öffnen, in einem Buch blättern etc.

⇒ Jede Gruppe bestimmt ein Mitglied, das das Geräusch erzeugen soll. Diese Kinder treten an die Seite. Die anderen legen das Heft und einen Stift bereit.

⇒ Alle Kinder setzen sich bequem hin (Kutscherhaltung) und schließen die Augen.

⇒ Nacheinander werden die verschiedenen Geräusche erzeugt.

⇒ Die Kinder öffnen die Augen und schreiben all die Geräusche auf, die sie identifiziert und behalten haben.

3.1.3 Hördetektive (2)

Schwierigkeitsgrad:

Spieldauer: variabel

Vorgehensweise:

⇒ Die Schülerinnen und Schüler arbeiten in Vierergruppen.

⇒ Verschiedene Grundsituationen, in denen Geräusche vorkommen, werden vorgegeben, z.B.:

- in der Küche
- auf der Straße einer (Groß-)Stadt
- auf dem (Großstadt-)Bahnhof

⇒ Die Kinder tragen, je nach Thema, zusammen, welche Gegenstände welche Geräusche machen, und schreiben diese auf; z.B.: Töpfe klappern, Gläser klirren, Bremsen kreischen, Reifen quietschen, Gleise surren, Kofferkulis rumpeln etc.

⇒ Die Kinder versuchen zu ihrem Thema so viele der aufgelisteten Geräusche wie möglich auf Kassette aufzunehmen (Unterrichtsgang oder Hausaufgabe).

⇒ Die Kassette mit den Geräuschen wird den anderen Kindern vorgespielt. Diese identifizieren und benennen die Geräusche.

Variante:

⇒ Die Lehrerin/der Lehrer spielt eine vorbereitete Geräuschkassette vor und bittet die Kinder die Geräusche zuzuordnen.

Tätigkeitsbereiche:

– Wortschatzarbeit zu Situationen
– Vorübung zur Rechtschreibung
– Erlebniserzählung (Einführung in eine Erzählsituation; z.B. Alltagserlebnisse wie: auf der Straße, im Schwimmbad; Reiseerlebnisse wie: auf dem Großstadtbahnhof, auf dem Bauernhof etc.)
– Arbeit mit Gedichten und Texten, in denen es um Hörerlebnisse geht
– Geschichten schreiben (Hörerlebnisse als Impuls)

Diese Übungen eignen sich vorwiegend für jüngere Kinder (Klasse 5-6).
Nicht alle Kinder sind von vornherein bereit oder in der Lage die Augen zu schließen. Diese Kinder sollte man bitten einen Punkt auf ihrem Tisch zu fixieren, damit sie sich wie die anderen ganz auf das Hin-hören, das Lauschen, einstellen können.
Die Kinder lernen die Vielzahl der Geräusche, von denen sie ständig umgeben sind, zu differenzieren und zu identifizieren. Indem sie die identifizierten Geräusche auch benennen, erweitern sie gleichzeitig ihren Wortschatz.
Da die Kinder sich ganz auf das Hören einstellen müssen, verlangt die Übung ein hohes Maß an Konzentration.

Eigene Anmerkungen:

_____
_____
_____
_____
_____
_____
_____

Übungsvarianten:

_____
_____
_____
_____
_____

Baustein 3: Hören

3.1.4 Der kleine Unterschied (2)

Schwierigkeitsgrad:

Spieldauer: variabel

Vorgehensweise:

⇒ Die Klasse bildet je nach Klassenstärke 5-6 Gruppen.

⇒ Die Lehrerin/der Lehrer diktiert Wortpaare, die in einer minimalen Lautopposition zueinander stehen, z.B. langer – kurzer Vokal, in der Artikulation nah beieinander liegende Laute, z.B. [i] und [ü], stimmhaft – stimmlos bei Verschlusslauten: [b] – [p], [d] – [t], [g] – [k] etc. (Arbeitsmaterial 14)

⇒ Die Kinder schreiben die Wortpaare untereinander auf.

⇒ Jede Gruppe bekommt aus der Wortkartei die Kärtchen mit den diktierten Wortpaaren. Die Kinder vergleichen und korrigieren, indem sie die Lautunterschiede beschreiben und die Wörter klar artikuliert sprechen.

⇒ Die Fehler aller Kinder einer Gruppe werden zusammengezählt. Die Gruppe mit den wenigsten Fehlern insgesamt hat gewonnen. (Fehler in der Groß- und Kleinschreibung werden *nicht* in die Wertung mit einbezogen.)

⇒ Die Kinder können in den folgenden Stunden selbst Wortpaare nach dem vorgestellten Muster entwickeln und die Kartei ergänzen.

Tätigkeitsbereiche:
– Rechtschreibung
– Wortschatzübung

Diese Übung schult das Lautunterscheidungsvermögen der Kinder. Viele Rechtschreibfehler sind dadurch bedingt, dass die Kinder kein „Hörbild" der Wörter entwickelt haben, die sie schreiben. Diese Übung hilft dabei, eine Vorstellung der gehörten Laute zu entwickeln und diese im Schreiben umzusetzen.

Indem die Kinder in Gruppen aufgeteilt werden, entsteht ein Wettbewerbscharakter, durch den sie animiert werden besonders genau hinzuhören und konzentriert zu arbeiten, da jedes Kind auch die Verantwortung für die Gruppe hat. Selbstverständlich kann die Übung auch ohne Wettbewerb durchgeführt werden.

Eigene Anmerkungen:

_____

_____

_____

_____

Wortpaarkartei

Baustein 3 – Arbeitsmaterial 14

Wortpaare mit einer Lautopposition

fehlen – fällen	(die) Krippe – (die) Grippe
(die) Pfeile – (die) Feile	(die) Mitte – (die) Miete
(der) Ofen – offen	bitten – bieten
(das) Dorf – (der) Torf	(die) Kehle – (die) Kelle
(das) Tier – (die) Tür	(der) Fall – fahl
leider – (die) Leiter	sehen – säen
gern – (der) Kern	(die) Masse – (die) Maße
(sie) lagen – (das) Laken	(die) Ziege – (die) Züge
beten – betten	liegen – lügen
singen – sinken	(die) Sohlen – sollen
(die) Seide – (die) Seite	(die) Griechen – kriechen
(der) Garten – (die) Karten	(die) Raten – (die) Ratten

(die) Pulle – (der) Bulle	(der) Rasen – (die) Rassen
küssen – (das) Kissen	(das) As – (das) Aas
(der) Teich – (der) Deich	(die) Meise – (die) Mäuse
(der) Teller – (die) Täler	
(der) Kamm – kam	
stehlen – stellen	
wissen – Wiesen	
(die) Hütte – (die) Hüte	
zehren – zerren	
rauben – (die) Raupen	
spielen – spülen	
(der) Riese – (die) Risse	

Baustein 3 — Arbeitsmaterial 14

Wortpaare mit zwei und mehr Lautoppositionen

(die) Bekleidung – (die) Begleitung	groß – kross
(die) Kränze – (die) Grenze	puhlen – (die) Bullen
(der) Kurde – (die) Gurte	plagen – blaken
abpflücken – abfliegen	(der) Kramladen – (die) Kranlatten
(die) Krücke – (die) Kriege	(die) Klasse – (im) Glase
(die) Torfkasse – (die) Dorfgasse	
(die) Kleider – (die) Gleiter	
(die) Fährte – (die) Pferde	
grübeln – kribbeln	
(der) Rücken – (die) Riegen	

Baustein 3: Hören

3.2 ☐ Hörverstehen

Ziele

- absichtlich und zielgerichtet hören
- das hörende Verstehen entwickeln
- die Bereitschaft zur Konzentration fördern
- die Konzentrationsfähigkeit im Prozess des Hörens steigern

3.2.1 Telefonitis

Schwierigkeitsgrad:

Spieldauer: variabel

Vorgehensweise:

⇒ Die Kinder arbeiten zu zweit.

⇒ Sie entwerfen gemeinsam zu dem vorgegebenen Text (vgl. Arbeitsmaterial 15) eine passende Situation.

⇒ Sie sprechen den Text anschließend mit dem Rücken zueinander, damit sie sich nicht sehen können.

⇒ Anschließend spielen einige Kinder das Telefongespräch vor der Klasse. Je nach Räumlichkeiten wird das Gespräch so arrangiert, dass die Sprechenden sich nicht sehen können, die Übrigen jedoch sehr wohl.

⇒ Nach dem Spiel tauschen die Kinder ihre Erfahrungen aus:
- Was ist anders in einem Gespräch, wenn man sich nicht sieht?
- Worauf achte ich besonders bei einem Telefongespräch?

Tätigkeitsbereiche:

- Gesprächsführung
- Textarbeit
- Bedeutung der Satzzeichen

 Indem die Kinder sich auf das Hören und Sprechen beschränken, wird ihnen bewusst, in welcher Weise der Sprechausdruck die Verständigung mit beeinflusst. Gleichzeitig lernen sie auf Stimmnuancen zu achten und die mitschwingende nonverbale Botschaft mit aufzunehmen und ihre Bedeutung zu verstehen. Die verschiedenen Satzzeichen (Punkt, Ausrufungszeichen, Fragezeichen) lenken dabei den Gesprächsgang (vgl. Baustein 4).

Telefonitis

Telefonitis

hallo hier bin ich
                bist du da?
                bist du da?
                bist du da?
                bist du da?
                bist du da?
                              wo bist du?

    hallo hier bin ich
                ist da wer?
                ist da wer?
                wer ist da?
                wer ist wer?
                bin ich wer?
                              wer bin ich?

Wieso

                WIESO?
                wie?
                so.
                w i e – so?
                na so!
                wieso?
                a so.
                a so?
                sowieso.
                wieso sowieso?
                na so; weils wahr is.

Baustein 3: Hören

3.2.2 Hörverstehensspiele

Schwierigkeitsgrad:

Spieldauer: variabel

Vorgehensweise:

Kofferpacken

⇒ Die Kinder sitzen im Kreis, entweder in einer großen oder in mehreren kleinen Gruppen.

⇒ Ein Kind beginnt: Ich packe in meinen Koffer ein ...... und nennt ein Kleidungsstück.

⇒ Das nächste Kind nennt dieses Kleidungsstück und ein weiteres usf.

⇒ Vergisst ein Kind ein Kleidungsstück aufzuzählen, beginnt das Kofferpacken von vorn. Ehrgeiz und Ziel der Kinder sollte sein, so viele Kleidungsstücke wie möglich in den Koffer zu packen.

Wörterschlangenspiel

⇒ Die Kinder sitzen wie im vorigen Spiel im Kreis.

⇒ Ein Kind sagt ein Nomen, das nächste Kind hängt an dieses ein weiteres an usf.

⇒ Bedingung ist, dass die Wörterschlange einen Sinn behält.

Bäumchen wechsle dich

⇒ Die Kinder sitzen wieder im Kreis.

⇒ Jemand bildet einen Satz, der verschiedene Wortarten enthält, z.B.: Die Mutter kauft im Laden ein Ei.

⇒ Das folgende Kind ersetzt eines der Wörter durch ein anderes: Die Mutter kauft im Laden ein Brot. Und weiter: Die Tante kauft im Laden ein Brot usf.

⇒ Sind alle Möglichkeiten ausgeschöpft, wird ein neuer Satz ins Spiel gebracht.

Variante:

⇒ Der Schwierigkeitsgrad kann gesteigert werden, indem das ersetzte Wort eine neue Konjugations- oder Deklinationsform verlangt, z.B.: Die Mutter kauft im Laden ein Ei. Ich kaufe im Laden ein Ei. Ich kaufe im Laden Eier usf.

Tätigkeitsbereiche:

– Wortarten

– Wortbedeutung (Komposita)

– Deklination und Konjugation

 Diese Übung eignet sich besonders für die Klassen 5-6.
Die vorgestellten Spiele erfordern genaues Hinhören, ein Mitdenken, Konzentrations- und Reaktionsfähigkeit.

Baustein 3: Hören

3.2.3 Das Echo

Schwierigkeitsgrad:

Spieldauer: variabel

Vorgehensweise:

⇒ Alle Schülerinnen und Schüler sitzen im Kreis.

⇒ Die Lehrerin/der Lehrer trägt als Impuls die Geschichte vom Echo vor (vgl. Arbeitsmaterial 16).

⇒ Die Schülerinnen und Schüler spielen das Echo: Eine/einer sagt einen Laut, ein Wort, einen Satz und wählt eine Mitspielerin/einen Mitspieler aus. (Der Schwierigkeitsgrad lässt sich allmählich steigern.)

⇒ Diese/dieser wiederholt das Gesagte wörtlich und möglichst mit demselben Sprechausdruck und gibt anschließend das Rederecht weiter.

⇒ Wenn alle Kinder wenigstens einmal entweder Echo oder Sprecher/Sprecherin waren, ist das Spiel zu Ende.

Tätigkeitsbereiche:

– Erzählen

– Miteinander reden, Dialoge (aufeinander eingehen)

– Vorbereitung auf Spielszenen

– Hörspielvorbereitung

Kommentar

Dieses Spiel erfordert ein Höchstmaß an Konzentration und Zuhörbereitschaft, sollte deshalb in einer ruhigen, aufmerksamen und entspannten Atmosphäre stattfinden. Da die Schülerinnen und Schüler nicht nur, wie in den Hörspielen, die Worte, sondern auch deren Klang wiedergeben sollen, ist diese Übung für Anfängerinnen und Anfänger noch nicht geeignet.
Die Geschichte von Rafik Schami dient einerseits dazu, den Wert des Zuhören-Könnens zu vermitteln (nicht immer nur selbst reden wollen), ist andererseits auch geeignet die Schülerinnen und Schüler für dieses Spiel zu motivieren. Dazu aber ist es notwendig, die Geschichte gut vorzutragen.

Eigene Anmerkungen:

_____
_____
_____
_____
_____
_____
_____

Das Echo

Rafik Schami
Das Echo

Der Hofnarr erzählt dem König, der nie zuhörte, eine Geschichte:

Mir wurde berichtet, o mächtiger König, dass im Land der Dämonen, Gott bewahre uns vor ihrem Zorn, in früheren Zeiten, noch lange bevor der Mensch die Erde betrat, ein Dämon lebte, der mit seiner Frau in den tiefen Höhlen und Schluchten umherzog. Dieser Dämon war unter seinesgleichen dafür berühmt, dass er nicht zuhören konnte. Am schlimmsten aber litt seine Frau darunter, denn er hatte die Gewohnheit, nicht nur auf sie nicht zu hören, sondern alles, was sie erzählte, für dumm zu erklären. In allem widersprach er und nichts, was sie ihm aus ihrem Herzen erzählte, hörte er.

Eines Tages stritt sie mit ihm, und da sie auf ihr Recht pochte, schlug er auf sie ein. Das Grauenhafteste aber war, dass er ihr danach sanft und gütig erklären wollte, warum seine Schläge ihr nützlich sein sollten. Seine Worte trieften vor Honig, doch der Frau schmerzten die Glieder. Sie verfluchte ihn: Er solle ab diesem Tag zwei Münder und ein Ohr bekommen. Der Dämonengott schwebte gerade an der Schlucht vorbei, in der die Dämonin aus vollem Herzen ihren Gatten verfluchte. Er hörte die Verwünschungen und bekam Mitleid mit der Frau. Und da er des Öfteren über diesen Dämon Schlechtes gehört hatte, erfüllte er der Frau den Wunsch. Der Dämon schlief ein, und als er aufwachte, hatte er plötzlich zwei Münder übereinander und ein winziges Ohr auf der Stirn; es war so groß wie eine Kichererbse. Seine zwei Ohren lagen wie zwei Herbstblätter verwelkt auf seinem Kopfkissen.

Der Dämon freute sich anfangs sehr und bedankte sich bei seinem Gott kniend für diesen Segen. Er konnte nun schneller und lauter reden. Von nun an hörte er nicht mehr auf zu reden. Auch wenn er aß oder trank, redete er noch mit dem anderen Mund.

Die anderen Dämonen verstanden die Strafe ihres Gottes nicht, denn nun konnte dieser Dämon sie noch öfter unterbrechen und mit dem anderen Mund antworten. Auch die Frau, die mit einem Mund nicht fertig wurde, war der Verzweiflung nahe, denn von nun an rasselte sein Schnarchen in der Nacht aus zwei Münden.

Der Dämon hörte immer öfter nur noch seine zwei Stimmen und irgendwann wuchsen seine Worte zu einer unsichtbaren Mauer, die ihn von seinen Freunden und Feinden trennte. Alle Dämonen mieden ihn, als wäre er die Pest. Niemand achtete mehr auf seine Worte. Nicht einmal seine Frau wollte sie hören. Worte sind empfindliche Zauberblumen, die erst im Ohr eines anderen ihren Nährboden finden. Seine Worte aber fanden kein Gehör mehr und verwelkten, sobald sie seine Lippen verließen.

Bald fühlte sich der Dämon elend mit seinen toten Worten. In seiner Einsamkeit erkannte er endlich seine Dummheit. Von nun an übte er Buße. Er schwieg mit beiden Münden und hörte mit dem winzigen Ohr so gut zu, wie er es früher mit beiden Ohren nicht vermochte. In seinem Herzen flehte er den Gott der Dämonen an, ihm ein zweites Ohr zu schenken, damit er noch genauer hören könne. Dies tat er jahrelang. Seine Frau hatte Mitleid mit ihm. Auch die Nachbarn in den nahen Erdhöhlen, Wasserquellen und Vulkanen vergaßen ihren Zorn gegen ihn und flehten ihren Schöpfer an, dem Armseligen zu verzeihen. Der Gott der Dämonen aber grollte noch weitere Jahre und gewährte keinem Bittsteller in dieser Angelegenheit Zutritt zu seinem Palast. Erst im tausendhundertsten Jahr gewährte er dem unglücklichen Dämon Audienz. „Bereust du deine Untaten?", fragte er zornig.

Der Dämon nickte.

„Und wirst du alles tun, um wieder zwei Ohren und einen Mund zu bekommen?"

Der Dämon war zu jedem Opfer bereit.

„Dann wirst du ab jetzt statt des zweiten Mundes noch ein Ohr bekommen. Dafür musst du aber jeden Ruf und jeden Satz, ob von Dämonen, Tieren oder Menschen wiederholen. Wehe dir, du überhörst bis zum Ende der Zeit auch nur einmal das Zirpen einer Zikade."

„Dein Wunsch sei mir Befehl, Herr meiner Seele. Ich werde ihn bis zum Ende der Zeit erfüllen. Segne mich bitte mit dem zweiten Ohr. Die Sonne und der Mond sind meine Zeugen", sagte der Dämon bewegt mit seinem einzigen Mund.

Seitdem wiederholt dieser Dämon jeden Ruf und Satz der Menschen, Dämonen oder Tiere in den Schluchten, Höhlen und Abgründen. Er überhört nicht einmal das Geräusch eines rollenden Steinchens.

3.2.4 Hörgeschichten (1)

Schwierigkeitsgrad:

Spieldauer: variabel

Vorgehensweise:

⇒ Die Lehrerin/der Lehrer spielt ein kurzes Musikstück (max. 3-4 Minuten) ein, das passend zum Unterrichtsthema ausgewählt werden sollte.

⇒ Dann gibt die Lehrperson einen Arbeitsauftrag, unter einem bestimmten Aspekt das Musikstück anzuhören, z.B.:
  – Welche Gefühle löst diese Musik in dir aus?
  – Welche Bilder/Vorstellungen weckt diese Musik in dir?

⇒ Die Lehrperson führt die Schülerinnen und Schüler in die Zuhörsituation ein: „Setzt euch bequem hin (Kutschersitz), schließt nach Möglichkeit die Augen und lauscht der Musik."

⇒ Ist das Musikstück zu Ende, recken und strecken sich die Kinder bzw. Jugendlichen, bringen wieder Spannung in den ganzen Körper.

⇒ Anschließend tauschen sich die Schülerinnen und Schüler in Kleingruppen (3-4 Personen) über ihre Hörerfahrungen aus.

⇒ Auf der Grundlage der im Hören wahrgenommenen Gefühle und vorgestellten Bilder entwickeln die Kinder bzw. Jugendlichen gemeinsam eine Geschichte.

Tätigkeitsbereiche:
– Vorbereitung auf das Hörspiel
– Erzählung
– Filmanalyse

Das Einspielen eines kurzen, auf das Unterrichtsthema abgestimmten Musikstückes eignet sich gut als Impuls z.B. zum Erzählen. Je nachdem, ob die Musik ruhig und beschaulich, laut oder aggressiv ist, lassen sich die Vorstellungen der Schülerinnen und Schüler im Sinne des Unterrichtsthemas initiieren. Aus diesen Vorstellungen und Bildern wiederum können Geschichten entwickelt werden (mündlich, schriftlich).
Mit dieser Übung, die sich für alle Altersgruppen eignet, werden die Schülerinnen und Schüler auch sensibilisiert für die suggestive Wirkung von Klängen allgemein (vgl. Sprechausdruck) und speziell von Musik z.B. in Filmen und Hörspielen. Aus einer so gewonnenen kritischen Distanz heraus werden sie dazu befähigt, in eigenen Hörspielen oder Filmen dieses Gestaltungsmittel intentional einzusetzen.

3.2.5 Hörgeschichten (2)

Schwierigkeitsgrad:

Spieldauer: variabel

Vorgehensweise:

⇒ Den Schülerinnen und Schülern wird eine Szene aus einem Hörspiel vorgespielt.
⇒ Sie geben in einem ersten Durchgang kurz den Inhalt der gehörten Szene wieder.
⇒ Die Klasse teilt sich in zwei Gruppen. Dieselbe Szene wird ein zweites Mal unter folgenden Fragestellungen vorgespielt:
  – *Gruppe 1*: Wie stellt ihr euch die Personen vor? Charakterisiert die Personen hinsichtlich ihrer Stimmung und ihrer Charaktereigenschaften, soweit ihr diese nach ihrer Sprechweise beurteilen könnt.
  – *Gruppe 2*: An welchem Ort spielt das Geschehen? Welche Geräusche machen den Ort vorstellbar?
  – *Gruppe 3*: Welche Geräusche machen die Handlung vorstellbar?
⇒ Im Anschluss an das Hören der Szene schreiben die Schülerinnen und Schüler kurz auf, was ihnen aufgefallen ist.
⇒ Im Plenum werden die Ergebnisse zusammengetragen und tabellarisch aufgelistet (Wortfelder). Bei Unstimmigkeiten bzw. Unklarheiten können entsprechende Stellen der Szene noch einmal zu Gehör gebracht werden.

Tätigkeitsbereiche:

– Hörspielerarbeitung
– Wortfeldarbeit (z.B. bei der Charakterisierung der Personen, Beschreibung der den Ort der Handlung charakterisierenden Geräusche)

Die Schülerinnen und Schüler sollten nicht unvorbereitet mit einer solchen Aufgabe konfrontiert werden. Es scheint sinnvoll, die Jugendlichen zunächst mit einigen leichteren Übungen auf den Akt des Hörens und Verstehens vorzubereiten (vgl. z.B. 3.2.1 – 3.2.3).
Diese Übung eignet sich besonders für die Erarbeitung von Hörspielen. Auf keinen Fall sollten die Schülerinnen und Schüler den Text vor Augen haben, damit sie sich ganz auf das Hörgeschehen einlassen können. Wird diese Übung zum ersten Mal gemacht, kann es vorkommen, dass die Jugendlichen etwas hören, was gar nicht vorhanden ist, bzw. andere wichtige Hör-Informationen überhören. Wendet man diese Form der Präsentation jedoch häufiger an, zeigt sich bald ein gewisser Gewöhnungseffekt dahin gehend, dass die Schülerinnen und Schüler sehr viel genauer hören und zu dem Gehörten ein „Hörbild" entwickeln.
Da es schwer ist, sich auf die gesamte Komplexität des Gehörten in gleicher Weise zu konzentrieren, empfiehlt sich die Aufteilung in Gruppen mit jeweils speziellen Höraufträgen. Sind die Schülerinnen und Schüler jedoch schon geübt, kann man die Unterteilung in Gruppen auch wegfallen lassen.
Die Ergebnisse des Hörens lassen sich in ein Raster eintragen:

Baustein 3: Hören

Gruppe 1
Person 1
Beobachtung: *Deutung:*
Stimmlage (sonor, hell, gepresst etc.)   →
Sprechtempo (schnell, langsam etc.)   →
Dynamik (laut, leise, verhaucht etc.)   →
Artikulation (deutlich, mit Dialekt etc.)   →
•••

Person 2 (wie oben)

Gruppe 2
Ort (Geräusche zur Kennzeichnung des Raums)
Beobachtung: *Deutung:*
z.B. Türenquietschen   →
Scheppern   →
Straßenlärm   →
•••

Gruppe 3
Handlung (Geräusche zur Kennzeichnung der Handlung)
Beobachtung: *Deutung:*
z.B. Tellerklappern   →
Rascheln von Kleidung   →
Schritte (lauter, leiser werdend etc.)   →
•••

Eigene Anmerkungen:

_____
_____
_____
_____
_____
_____
_____
_____

Baustein 4: Sprechen und Schreiben

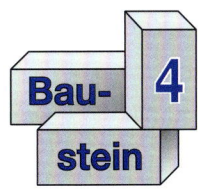
Sprechen und Schreiben

Jahrgangsstufe 5/6

Die Schreibweise der beiden folgenden Texte orientiert sich bewusst an einer Gliederung in Sinnschritte, die durch ihre Überschaubarkeit den Kindern sowohl das sinnerfassende als auch das sinngestaltende Lesen erleichtern (Winkler 1969, 504) und so über ein vertieftes Textverständnis die Grundlage für einen kreativen Sprech- und Schreibprozess bilden.

Wie sich Sprechen und Schreiben sinnvoll ergänzen lassen, soll an den ausgewählten Texten exemplarisch vorgeführt werden. Die vorgeschlagenen Bearbeitungsmöglichkeiten sind dabei als Angebote zu verstehen. Nicht alle Möglichkeiten eines Textes müssen auch immer ausgeschöpft werden. Die Realisierung einzelner Aspekte sollte immer abhängig gemacht werden von den jeweiligen Grundbedingungen (Klassensituation, Unterrichtsziele etc.).

In jedem Falle ist es jedoch sinnvoll, *vor* der Ausgestaltung einzelner Szenen und der Bearbeitung von Fragestellungen die dem jeweiligen Text zugrunde liegende Situation und Stimmung für alle Kinder gleichermaßen vorstellbar zu machen.

Text 1
Ursula Hasler
Pedro und die Bettler von Cartagena

Pedro, ein kolumbianischer Junge von elf Jahren, haust mit seiner kleinen fünfjährigen Schwester Juanita in einer der Barackenunterkünfte des Bettlerkönigs Manu Diablo. Die karge Bettstatt teilen die Kinder mit Teresa, die nachts arbeitet, während sie tagsüber betteln gehen. Die Einnahmen müssen die Geschwister bei Manu Diablo abliefern. Eines Tages kommt Teresa nicht zurück. Sie wird ermordet aufgefunden. Manu Diablo hat sie ermorden lassen. Er verdächtigt Pedro, Unterlagen von Teresa bekommen und versteckt zu haben, die seine üblen Machenschaften belegen. Um Pedro zum Reden zu bringen, zertrümmert er mit einem Stock das linke Bein Juanitas. Das Bein entzündet sich und Juanita bekommt hohes Fieber. Deshalb schleppt Pedro seine Schwester zu einem Krankenhaus, wo man ihr das Bein amputiert. Der behandelnde Arzt stellt rasch die Ursache des Trümmerbruchs fest und vermutet Manu Diablo als Täter. Um Pedro zu schützen und damit er ungehindert seine Schwester besuchen kann, bietet er dem Jungen an, eine Zeit lang bei ihm zu wohnen.

In Pedro wuchs wieder die Angst.	⇒	Vorarbeit mit 2.1.3
Er vertraute diesem Mann,		Beschreibung (1.)
aber er war es nicht gewohnt,		
in einem Haus zu leben,		
5 dazu noch mit einer fremden Frau		⇓
und einem Mädchen,		

87

Baustein 4: Sprechen und Schreiben

das bestimmt ganz anders war als Juanita.	*Erfassen der Grundstimmung*
Er hatte es längst verlernt,	
mit Besteck und Geschirr an einem Tisch zu essen.	Schreibübung (2.)
10 Seit fast fünf Jahren lebte er	⇓
buchstäblich von der Hand in den Mund,	
und es war ihm ein Gräuel,	
auch nur daran zu denken,	
sich jeden Tag waschen zu müssen.	
15 „Ich danke Ihnen", sagte er steif	⇒ Vorarbeit mit 2.2.3 (Text 1)
und wusste nicht recht,	Rollenspiel 1: Dialog
wie er es erklären sollte,	
„aber eigentlich möchte ich lieber	
mit meinen Kollegen wohnen."	
20 „Ich glaube, es ist zu gefährlich.	
Sieh mal, ich wohne	
weit draußen vor der Stadt.	⇓
Da treibt sich niemand	
von diesen Leuten herum,	
25 und wenn du mal mitfahren würdest,	
um Juanita zu besuchen,	
dann könntest du dich schon	
in der Garage auf den Rücksitz legen	
und liegen bleiben,	*Erfassen der Grundsituation*
30 bis wir in der Tiefgarage der Klinik ankommen.	
Sie braucht dich,	Schreibübung (3.)
um rasch gesund zu werden."	
Die Worte des Arztes machten Pedro Mut.	
Es stimmte,	
35 dass Juanita ihn brauchte.	
Wenn er nicht bei ihr war,	
bekam sie Angst,	
auch wenn dazu gar kein Grund bestand.	
Angst, das wusste Pedro,	
40 war das Schlimmste, was es gab.	
„Glauben Sie denn,	
dass Ihre Frau mich haben will?"	
„Wir können sie ja fragen. – Einverstanden?"	
Doktor Mendoza hielt abwartend die Hand	
45 über den Telefonhörer auf seinem Schreibtisch.	
Pedro nickte zögernd.	
Es dauerte nicht lange,	
bis die Verbindung hergestellt war.	
„Schatz? Hallo, ich bin's.	⇒ Vorarbeit mit 3.2.1
50 Hör mal, eine ganz kurze Frage –	Rollenspiel 2
Wie? – Was ist geschehen?	
Wer? Dolores?	
Warum denn so plötzlich?	
Ihre Mutter ist krank geworden?	
55 Wirklich – oder hat es nach Ausrede geklungen?	⇓
Das trifft sich aber schlecht.	
Das kann natürlich länger dauern.	
Kommst du denn vorläufig	
allein zurecht mit dem Haushalt?	Schreibaufgabe (4.)

Baustein 4: Sprechen und Schreiben

60 – Na ja, ruf jedenfalls sofort
die Stellenvermittlung an.
Nein, meine Frage erübrigt sich
unter diesen Umständen.
Nein, sicher."
65 Er lauschte mit unentschlossener Miene
für einige Sekunden der Stimme aus dem Hörer.
„Nein, ich wollte dir eben mal
noch ein bisschen mehr Arbeit aufbürden, aber ...
wie? Also, ich wollte dich fragen,
70 ob wir für ein paar Tage oder etwas länger
einen Jungen bei uns aufnehmen könnten. -
Bitte? – Wie jung? – Moment ..."
Er hielt die Hand über die Sprechmuschel und
drehte seinen Kopf zu Pedro:
75 „Wie alt bist du?"
Und dann wieder in den Apparat:
„Fast zwölf Jahre alt.
Ob ich – aber natürlich
hab ich meine Gründe.
80 Ich wollte dir die Geschichte nur nicht
am Telefon auseinandersetzen.
Meinst du – aber meinst du wirklich?
Ja gut, danke,
du bist ein Schatz."
85 Doktor Mendoza nickte ein paarmal
lächelnd in den Hörer.
Pedro konnte von weit weg
eine helle, lebhafte Frauenstimme
aus dem Telefon hören,
90 aber er verstand kein Wort.
Der Doktor sagte:
„Ja, ja natürlich, aber sicher ...
Gut, bis dann.
Übrigens, unser Gast heiß Pedro.
....
95 Ich bin in etwa drei Stunden zu Hause."

Vorarbeit mit 2.2.3 (Text 2)
Rollenspiel 3: Dialog (5.)

1. Beschreibe die Situation, in der Pedro sich befindet.

2. Schreibe in einem „inneren Monolog", wie Pedro sich in dieser Situation fühlt.

3. Pedro erzählt seiner Schwester Juanita, wie er zu dem Arzt Vertrauen fasste. Oder: Doktor Mendoza erzählt seiner Frau von Pedro.

4. Lies das Telefongespräch (Zeile 49-95) noch einmal genau durch. Suche dir eine Partnerin/einen Partner, mit der/dem du dieses Telefongespräch durchführst. Ergänzt dabei, was Frau Mendoza sagen könnte. Schreibt das vollständige Gespräch in euer Heft.

5. Stell dir vor, du bist die Tochter des Arztes: Welche Fragen hättest du an Pedro? Schreibe sie auf. Suche dir dann eine Partnerin/einen Partner und spielt das Gespräch zwischen Pedro und dem Mädchen.

Baustein 4: Sprechen und Schreiben

Text 2
Robert Thayenthal
Die Schuhe der Señores

Mateo, ein 10-jähriger peruanischer Junge, kommt mit seinem Vater Domingo, seiner Schwester Bonifacia und seinem kleinen Bruder Pepito nach Lima. Sie suchen Arbeit in der Stadt, da das wenige Land, das Domingo in den Bergen, den Anden, besitzt, sie nicht mehr ernähren kann. Mateo kauft von dem Geld, das die Großmutter ihm anvertraut hat, einen Schuhputzkasten. Indem er den Passanten die Schuhe putzt, hofft er, genügend Geld für die Familie verdienen zu können. Mateo geht in den Vorort Miraflores, in dem die reichen Leute wohnen, und lässt sich dort in der Nähe einer Kirche auf einem Platz nieder, Pepito, den er immer mitnimmt, auf einem Poncho neben sich.

„He, Schuhputzer! Arbeit für dich!" Ein großer schwarzer Schuh stellte sich auf den Kasten. „Ja, Señor, gleich!"	⇒ Vorarbeit mit 2.1.1/ 2.1.2 Schreibaufgabe (1.)
5 Mateo wickelte einen Lappen um Mittel- und Zeigefinger der rechten Hand, holte einen Batzen fetter Schuhcreme aus einem Tiegel, trug sie auf und 10 verteilte die Creme.	⇓ *Einstimmung in die Grundsituation*
„He, bist du verrückt? Das ist doch viel zu viel!" „Verzeihung, Señor!" Er versuchte die Creme 15 wieder wegzuwischen. Ein Schlag ins Gesicht warf ihn fast von seinem Schemel. „Was ist denn, Señor?", fragte Mateo verängstigt.	Rollenspiel 1 Schreibaufgabe (2.) ⇓
20 „Siehst du nicht? Du hast mir die Socken beschmiert! Die kann ich wegwerfen. So ein ungeschickter Idiot." Der Señor riss ihm 25 den Lappen aus der Hand, wischte selbst die Schuhcreme ab und ging wütend davon. Der laute Wortwechsel hatte Pepito aufgeweckt, 30 der eben erst eingeschlafen war. Er schrie. „Hör doch auf, Pepito. Wenn du so schreist, traut sich ja keiner her!"	*Erfassen der Grundstimmung* ⇒ Vorarbeit mit 2.1.3 Rollenspiel 2 Schreibaufgabe (3.)
35 Beim nächsten Mal war Mateo vorsichtiger. Es war ein weißer Schuh,	

der zu einem weißen Socken und
einem ebenso weißen Hosenbein gehörte.
40 Der dazugehörige Señor verbarg sich
hinter einer riesigen Zeitung.
Mateo wischte den Staub ab,
nahm einen sparsamen Tupfer Creme
und verteilte ihn vorsichtig.
45 „Mach schon, Kleiner,
ich hab meine Zeit nicht gestohlen!"
„Ja, Señor!"
Er rieb die Creme mit sanften Bewegungen
in das Leder,
50 das immer glänzender wurde.
Dann polierte er
mit einem sauberen Lappen darüber.
Mateo war ganz begeistert,
wie schön der Schuh glänzte.
55 Ein Geldschein fiel zwischen seine Füße.
„Hier!"
„Danke, Señor!"
Der Kunde entfernte sich,
immer noch in die Zeitung vertieft,
60 mit einem sauberen und einem schmutzigen Schuh.
„Señor – Señor!", fiel Mateo ein,
„Ich hab den anderen vergessen."
Der Kunde hörte ihn nicht mehr,
überquerte die Straße und
65 verschwand hinter den Autos.
Mateo lachte.
„Was sagst du, Pepito?
Jetzt läuft schon ein ganzes Paar
von mir geputzter Schuhe in Lima herum.
70 Allerdings
verteilt auf zwei Señores.
Aber vielleicht treffen sie sich irgendwo."
Mateo steckte den Geldschein ein.
„Unsere ersten tausend Inti."

⇒ Rollenspiel 3
Schreibaufgabe (4.)

⇓

1. Beschreibe, wie Mateo Schuhe putzt.

2. Suche dir eine Partnerin/einen Partner und spiele mit ihr/ihm diese Szene. Charakterisiert anschließend den Señor. Spielt dann die Szene noch einmal und überprüft, ob eure Darstellung genau und vollständig ist.

3. Stell dir vor: Ein anderes Kind sieht Mateo nach dem ersten Schuhputzversuch vor seinem Schuhputzkasten sitzen und fragt ihn: Was hast du?

4. Schreibe zu der kurzen Szene (Zeile 35-65) Regieanweisungen zum Verhalten und zur Sprechweise Mateos und des Señors. Spiele anschließend die Szene nach den Regieanweisungen mit anderen: Sind die Anweisungen treffend, genau genug? Eventuell zeigt sich, dass du einzelne Angaben überarbeiten musst.

Baustein 4: Sprechen und Schreiben

Text 3

Michael Ende
Beim Heulen zu sagen

Ich bin so u-hu-hunglücklich
und weine, weil ich wa-ha-hein!
Und ka-ha-heiner so-holl mich
jetzt trösten, na-ha-hei-hi-hin!!!
Ich will – – buhu! – –
ich will – – hawu! – –
will bö-hö-hös sa-ha-hein!

Ich bin so u-hu-hunglücklich,
weiß selber nicht waruhu-hum!
Ich gla-hu-hub, heut nehm i-hich
das ganze Leben kru-hu-humm!
Mein Kum-huhu! – -
mer ist – - hawu! – -
mir selber bald zu d-hu-hu-humm!

1. Erfinde eine Situation, in der das Gedicht eine wichtige Rolle spielt. *Oder:*

2. Schreibe nach dem Vorbild dieses Gedichts ein Gedicht, das eine bestimmte Grundstimmung enthält (Wut, Freude etc.).

Der Text von Michael Ende verlangt geradezu danach, in eine konkrete Situation eingebettet zu werden. Unterschiedliche Situationen sind denkbar, die jeweils eine andere Grundstimmung beinhalten, z.B.:
– Zwei Kinder haben sich gestritten, das eine „heult" jetzt (eher trotzig, wütend).
– Das Kind hat eine Dummheit gemacht und fühlt sich jetzt von allen im Stich gelassen (eher traurig, bemitleidenswert).
Aus dem Rollenspiel heraus, in dem das Gedicht eine zentrale Funktion übernimmt, lässt sich eine Geschichte, eine Erzählung schreiben.

Dieses „Heulgedicht" von Michael Ende lässt sich auch als Vorlage für eigene Wutgedichte, Glücksgedichte etc. nutzen. Kriterium für das Schreiben sollte dabei sein, aus der Grundstimmung heraus (Wut, Glück, Freude etc.) den Text zu gestalten. Dabei wird es notwendig sein, die Klangstruktur des Textes im Sprechen zu überprüfen. Als begleitende Übungen eignen sich aus Baustein 2 die Punkte 2.1.3, 2.2.1 und 2.2.3.

ab Jahrgangsstufe 7

Text 4 *Ernst Jandl*
mal franz mal anna (drama)

(akt)
anna an franz:
    anbrannt
franz an anna:
    fasttag

⇒ Vorarbeit mit 1.3.5/ 2.1.4/ 2.1.5/ 2.2.1

⇓

Grundstimmung/Grundsituation

(akt)
anna an franz:
    hals kalt
franz an anna:
    schal

(akt)
anna an franz:
    bald alt
franz an anna:
    warts ab

(akt)
anna:
    (kratzt ab)
franz:
    schad

1. Suche dir eine Partnerin/einen Partner und lest dann den Text mit verteilten Rollen. Charakterisiert die sprechenden Personen: franz und anna
2. Verfasst gemeinsam eine Vorgeschichte zu diesem „Drama".
3. Haltet in Regieanweisungen eure Überlegungen zur Stimmung (Sprechausdruck), zum Verhalten (Körperausdruck) und zur Bewegung und Stellung der Personen zueinander fest. Sprecht und gestaltet den Text nun gemeinsam nach diesen Regieanweisungen.
4. Spielt das Stück vor der Klasse.
5. Schreibt auf der Grundlage des vorliegenden Textes einen neuen Dialog nach euren Vorstellungen.

Text 5 *Helmut Heißenbüttel*
Sprech-Wörter

	&			
die Gegend				
die		da	wo	
die Gegend	&		wo	
die		da	wo	Quatsch
	&		wo	Quatsch
				Quatsch
	&	ach	wo denn	
Gegend			denn	Quatsch
	&			
Gegend				
die			wo denn	
		ach	wo denn	

Vorarbeit mit 2.1.5, 2.2.1

Baustein 4: Sprechen und Schreiben

1. Suche dir eine/einen oder mehrere Mitspieler/Mitspielerinnen und lest den Text mit verteilten Rollen. Markiert dabei, wer welchen Text spricht.

2. Haltet in Regieanweisungen eure Überlegungen zur Stimmung (Sprechausdruck), zum Verhalten (Körperausdruck) und zur Bewegung und Stellung der Personen zueinander fest. Sprecht und gestaltet anschließend den Text nach den von euch erarbeiteten Vorstellungen.

3. Schreibt gemeinsam ein Szenario, indem ihr die Bedingungen (Situation, Charaktere der Personen, Räumlichkeiten (drinnen – draußen, oben – unten etc.)), unter denen dieser Dialog stattfindet, mit einbezieht.

4. Spielt das Stück vor der Klasse.

Da die Texte 4 und 5 sehr kurz sind, eignen sie sich für die Arbeit an gattungsspezifischen Merkmalen (z.B. Text 4 – Drama) wie auch als Vorbereitung auf eine längere Ganzschrift, z.B. ein Hörspiel oder einen Dramentext (besonders Jahrgangsstufen 8 und 9).

Außerdem bietet ihre reduzierte Form (Leerstellen) vielfältige Schreibanlässe, die sich jeweils aus der Sprechgestaltung der Texte ableiten lassen. In einem solchen sprechend-schreibenden Umgang mit Texten wird den Schülerinnen und Schülern die Wechselwirkung von Sprechgestaltung – Textverstehen/Interpretation – Kreativität/Schreiben (über die in der Sprechgestaltung gewonnenen Bilder und Vorstellungen) unmittelbar einsichtig. Die auf diese Weise gewonnenen Erfahrungen lassen sich wiederum für die Lektüre von Ganzschriften zu einem vertieften Textverständnis nutzen.

Text 6

Gotthold Ephraim Lessing
Heldenlied der Spartaner

In drei Chören

A l l e. Streitbare Männer
C h o r d e r A l t e n. Waren wir!
A l l e. Streitbare Männer
C h o r d e r M ä n n e r. Sind wir!
A l l e. Streitbare Männer
C h o r d e r J ü n g l i n g e. Werden wir!
A l l e. Streitbare Männer
C h o r d e r A l t e n. Waren wir!
C h ö r e d e r M ä n n e r u n d J ü n g l i n g e: Waret ihr!
C h o r d e r A l t e n. Das leugne, wer darf!
A l l e. Streitbare Männer
C h o r d e r M ä n n e r. Sind wir!
C h ö r e d e r A l t e n u n d J ü n g l i n g e. Seid ihr!
C h o r d e r M ä n n e r. Versuch' uns, wer darf!
A l l e. Streitbare Männer
C h ö r e d e r A l t e n u n d M ä n n e r. Werdet ihr!
C h o r d e r J ü n g l i n g e. Noch tapfrer, als ihr!

Baustein 4: Sprechen und Schreiben

1. Suche dir zwei Partnerinnen/Partner.
2. Entwerft eine Situation, in der diese Szene stattfinden könnte.
3. Charakterisiert die Sprechweise der drei Chöre, indem ihr den Text sprechgestaltend erprobt.
4. Fertigt ein Skript mit Regieanweisungen an, die folgende Punkte berücksichtigen müssen: Sprechweise der Chöre, Haltung der Chöre (die Alten, die Männer, die Jünglinge), Stellung im Raum.
5. Fertige (schriftlich) einen Zeitungs- oder Botenbericht an, in dem über das „Geschehen" berichtet wird.
6. Erläutere Situation und Handlung aus der Perspektive eines Jugendlichen aus dem 20. Jahrhundert, der versehentlich durch einen Zeitfehler ins alte Sparta zurückversetzt wurde und der nach der Korrektur des Zeitfehlers seinen Freunden/Freundinnen von diesem Erlebnis erzählt.

Die Knappheit des Textes fordert regelrecht dazu auf, die Situation zu erläutern, den Rahmen herzustellen (vgl. Gruppenarbeit). In Form von „Botenberichten", Zeitungsberichten o. Ä. (vgl. Aufgabenstellungen) lassen sich die Beobachtungen und Erfahrungen schriftlich festhalten. In Zusammenarbeit mit dem Kunstunterricht böte es sich auch an, Masken herzustellen und mit der Klasse auf der Grundlage der Gruppenarbeit eine gemeinsame Inszenierung zu entwerfen und zu spielen. Den drei Chören entsprechend kann die Klasse in drei Gruppen geteilt werden, nachdem die Situation erklärt und die Grundstimmung der einzelnen Chöre charakterisiert ist: z.B. die Alten wehmütig, die Männer kraftstrotzend und selbstbewusst, die Jünglinge ungeduldig und herausfordernd. Interessant ist es auch, die unterschiedlichen Versionen der einzelnen Gruppen nebeneinander zu stellen und zu vergleichen. Vorbereitend und begleitend eignen sich hierbei Übungen aus Baustein 1 (Körperspannung: 1.1.2, Lautstärke: 1.2.5) und Baustein 2 (2.1.3, 2.1.5, 2.2.3).

Text 7

Johann Wolfgang von Goethe
Meeresstille

Tiefe Stille herrscht im Wasser,
Ohne Regung ruht das Meer,
Und bekümmert sieht der Fischer
Glatte Fläche rings umher.
Keine Luft nach keiner Seite!
Todesstille fürchterlich!
In der ungeheuren Weite
Reget keine Welle sich.

1. Lies das Gedicht „Meeresstille" gemeinsam mit deiner Nachbarin/deinem Nachbarn.
2. Stellt euch vor, ihr seid der Schiffer auf dem Schiff. Wie ist euch zumute? Um das herauszufinden, lest das Gedicht mehrfach laut, besonders die Verse 5 und 6.
3. Versucht, die Stimmung des Schiffers in einem Standbild darzustellen.
4. Schreibt eine Fortsetzung des Gedichts auf der Grundlage eurer bisherigen Erkenntnisse.

Baustein 4: Sprechen und Schreiben

Text 8

Johann Wolfgang von Goethe
Glückliche Fahrt

Die Nebel zerreißen,
Der Himmel ist helle,
Und Äolus löset
Das ängstliche Band.
Es säuseln die Winde,
Es rührt sich der Schiffer.
Geschwinde! Geschwinde!
Es teilt sich die Welle,
Es naht sich die Ferne;
Schon seh' ich das Land.

Diese beiden Gedichte von Goethe werden i.d.R. nebeneinander präsentiert. Doch ist es für die Erarbeitung der Texte sehr reizvoll, zunächst nur das Gedicht „Meeresstille" zu behandeln, die durch Wortwahl, Klang und Rhythmus in der Sprechgestaltung erfahrbare Stimmung des Gedichts (in Partnerarbeit) auch szenisch fassbar zu machen in einem Standbild. Die exemplarische Besprechung einzelner Standbilder im Plenum bietet sich als Überleitung zu einer eigenständigen Fortsetzung des Gedichtes an. Die Motivation für eine Fortsetzung ergibt sich dabei auch aus der noch nicht gelösten Spannung am Ende des Gedichtes: „Reget keine Welle sich."

In der weiteren Besprechung des zweiten Gedichts „Glückliche Fahrt" lässt sich in einer Gegenüberstellung der beiden Grundhaltungen des Schiffers: unbewegt (Standbild – „Ohne Regung") – bewegt (Aktivität – „Geschwinde") auch die völlig veränderte Grundstimmung des Schiffers demonstrieren. Im umgekehrten Verfahren zum ersten Gedicht „Meeresstille" dient diesmal die szenische Umsetzung der Grundstimmung dazu, die Schülerinnen und Schüler für das veränderte Rhythmus- und Klangerlebnis im zweiten Gedicht zu sensibilisieren und den Zusammenhang zwischen Stimmung (Gehalt) und Gestaltung (Klang, Rhythmus, Wortwahl) erfahrbar zu machen.

Für die vorbereitende Arbeit können aus Baustein 2 die Übungen 2.1.3 bis 2.1.5 und aus Baustein 3 die Übung 3.1.1 herangezogen werden.
Eine Erarbeitung der Gedichte in dieser Form ist besonders geeignet für die Klassen 7 und 8.

Ein Unterrichtsbeispiel für eine 5. Klasse

Konzept zur Erarbeitung eines Märchens als Puppenspiel:
Die Geschichte vom König Paprika

1. Stunde: *Kennenlernen des Märchens*
- Vorlesen des Märchens durch die Lehrerin/den Lehrer (Stuhlkreis)
- Sicherung des inhaltlichen Vorverständnisses durch eine grobe Strukturierung anhand der Hauptfiguren, des Ortes und der Handlung (Stuhlkreis)

2. Stunde: *Figuren*
- Vorläufige grobe Charakterisierung (gut – böse) der handelnden Hauptfiguren (Königsvater, Königstochter, König Paprika, die Schwarze Türkin), Benennen der Nebenfiguren (Bewerber, Hochzeitsgäste, die drei Greise, Gefangene, Diener und Dienerinnen, Pferde) (Plenum)

3. Stunde: *Szeneneinteilung, Charakterisierung der Königstochter*
Baustein 2, Übung 2.2.5

- Einteilung des Märchens in Abschnitte nach den Kriterien: Wechsel von Personen, Ort, Zeit (siehe Nummerierung im Text) (Plenum)
- Annäherung an Verhalten und Stimmungen der Königstochter im Rollenspiel anhand einer einzelnen Szene (besonders geeignet die Szenen 1, 8, 11):
    - *Was* sagt die Königstochter?
    - *Wie* spricht sie?

4. Stunde: *Dialoge*
- Dialogische Ausgestaltung von Situationen in ausgewählten Szenen, Rollenspiel mit anschließender schriftlicher Ausgestaltung (evtl. H.A.):
    - 1. Szene: die Bewerbungssituation
    - 2. Szene: Selbstgespräch der Königstochter beim Kneten von König Paprika
    - 3. Szene: der Heiratsantrag
    - 4. Szene: die Hochzeitsvorbereitungen
    - 5. Szene: der Raub Paprikas
    - 8. Szene: Diskussion zwischen der Dienstmagd und der Schwarzen Türkin
    - 11. Szene: der Versuch der Königstochter König Paprika aufzuwecken
    - 15. Szene: die Wut der Schwarzen Türkin
- Spielen einzelner Situationen im Rollenspiel (PA bzw. GA)

5. und 6. Stunde: *Charakterisierung der Figuren, Regieanweisungen*
Baustein 2, Übung 2.2.1, 2.2.5

- Vortragen der Dialoge
- Sprechgestaltungsversuche

Baustein 5: Ein Unterrichtsbeispiel für eine 5. Klasse

- Charakterisierung der Figuren über die Sprechgestaltung (z.B. die Königstochter: schnippisch (Szene 1), verächtlich oder traurig, verzweifelt (Szene 11))
- Erstellen von Wortfeldern zu verschiedenen Charakteren und Verhaltensweisen
- Festhalten der Sprechweise in „Regieanweisungen" (Begriff einführen)

7. Stunde: *Zusammenspiel*
Baustein 1, die Übungen 1.2.4 und 1.3.3; Baustein 2, Übung 2.2.3

- Rollenverteilung (jede Rolle mindestens doppelt besetzen)
- Zusammenführen einzelner Szenen (z.B. Szene 1-3) zu einem ersten zusammenhängenden Spiel mit den im Kunstunterricht vorbereiteten Puppen.
- Kritik an der Sprechgestaltung durch die „Regisseure" (Artikulation, Lautstärke, Sprechweise etc.)
- Wiederholung einzelner Szenen in unterschiedlicher Besetzung

8. und 9. Stunde: *Handlungsverlauf – Spiel mit den Puppen*
Baustein 1, die Übungen 1.3.1, 1.3.2; Baustein 2, Übung 2.2.2

- Gestaltung des gesamten Handlungsablaufs
- Diskussion der Übergänge zwischen den einzelnen Szenen, z.B. Bühnenbild, Kulissenwechsel etc.
- Kulisse, Bühnenbild, Handhabung der Puppen etc.
- Spielen des gesamten Märchens in Abschnitten
- Kommentare, Ergänzungen, Verbesserungsvorschläge durch die „Regisseure"

10. Stunde: *Vorspiel* (z.B. vor der Parallelklasse)

Wenn dieses Märchenspiel als Puppenspiel geplant ist, bietet sich eine Zusammenarbeit mit dem Kunstunterricht an, indem dieser die Requisiten für das Spiel – die Handpuppen, die Kulissen (z.B. den Wald in den Szenen 5-7), Aufbauten wie die Schlösser der Königstochter und der Schwarzen Türkin, das Gefängnis etc. – herstellt und damit den Deutschunterricht entlastet. Voraussetzung für eine produktive Zusammenarbeit beider Fächer ist jedoch eine genaue Absprache in der Terminierung.

Der Deutschunterricht sollte z.B. durch Benennen und Charakterisieren der Figuren und durch die Beschreibung der Handlungsorte die Vorarbeit leisten für die Gestaltung der Puppen, der Kulissen und übrigen Requisiten.

Im Spiel steht das Sprechen, d.i. die Sprechgestaltung, im Vordergrund. Die Dialoge werden entsprechend aus dem Stegreif gesprochen, allerdings gestützt auf die Leitfragen:
Wie verhält sich die Figur? (z.B. zurückhaltend, dreist etc.)
In welcher Situation spricht die Figur?
Aus welcher Stimmung/welchem Gefühl heraus sprechen die Figuren? (z.B. traurig, schadenfroh etc.)

Indem einzelne Szenen dialogisch ausgestaltet werden, lassen sich auch weitere Figuren hinzuerfinden (z.B. in Szene 1 die Heiratsbewerber, in Szene 4 Diener und Mägde, Hochzeitsgäste etc.).

Besonders Übungen aus den Bausteinen 1 und 2 helfen dabei, die Kinder auf die Sprechsituation einzustimmen und vorzubereiten ohne den Märchentext selbst unnötig zu belasten. Diese Übungen müssen jedoch nicht immer am Beginn einer Stunde stehen, sondern sollten auch „strategisch" und nach Bedarf eingesetzt werden: Übungen zur Artikulation, zur Lautstärke, zur Betonung sind immer dann besonders wirkungsvoll, wenn ihre Notwendigkeit unmittelbar einleuchtet.

Kinder, die keine Rolle bekommen können (bei großen Klassen trotz Doppelbesetzung möglich) oder auf keinen Fall eine Rolle übernehmen wollen, können als „Regieassistenten" gewonnen werden. Sie sind dafür zuständig, zusammen mit den Spielenden den Handlungsablauf zu besprechen, beschlossene Änderungen im Handlungsablauf zu notieren, zusätzliche Regieanweisungen festzuhalten und darauf zu achten, dass Handlung und Dialoge entsprechend den Vereinbarungen gespielt werden. An dieser Stelle darf man durchaus auf die Kreativität der Kinder vertrauen.

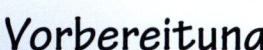

Vorbereitung

Baustein 5: Ein Unterrichtsbeispiel für eine 5. Klasse

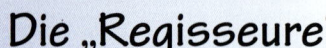

Die „Regisseure"

Die Geschichte vom König Paprika

Ein italienisches Märchen

(1) Ein König hatte eine Tochter, die im Alter war, sich einen Mann zu suchen. Die Söhne von Fürsten, Grafen und anderen hohen Herren klopften an und baten um ihre Hand; aber die Königstochter wies sie alle ab. Da ließ sie der Vater rufen und sagte:
„Liebe Tochter, warum willst du keinen von ihnen?"
„Papa", sagte sie, „wenn ihr wollt, dass ich einen Mann heirate, dann gebt mir hundert Pfund Mehl und hundert Pfund Zucker, damit ich ihn kneten kann!"
Der König zuckte die Schultern und sagte: „Nun gut, du sollst es haben!"
(2) Er gab der Tochter Mehl und Zucker und sie schloss sich mit einem Sieb und einem Backtrog in ein Kämmerchen ein. Sechs Monate knetete sie, aber was herauskam, war so schief und krumm, dass es gewiss keinen stattlichen Prinzen abgegeben hätte. Voll Zorn knetete sie eine zweite Teigfigur, die ihr gefiel, und als Nase gab sie ihr eine Paprikaschote. Sie stellte sie aufrecht an die Wand, rief ihren Vater und lachte: „Papa, schau ihn dir gut an! Das soll mein Verlobter sein und wir nennen ihn König Paprika!"
Der Vater beschaute den Teigkönig von oben bis unten und hinten und vorn und sagte am Ende: „Es ist nichts daran auszusetzen, liebe Tochter, außer dass er nicht sprechen kann."
„Geduld, Geduld", sagte die Königstochter, „du wirst's schon erleben, wie er spricht."
(3) Jeden Tag ging sie zu König Paprika und flüsterte ihm ins Ohr:

> „Lieber König handgemacht,
> sechs Monde hab ich Tag und Nacht
> knetend für dich zugebracht,
> sechs Monde bleibst du in der Ecke,
> bis ich die Sprache in dir wecke."

Jeden Tag wiederholte die Königstochter diesen Vers, und als die sechs Monate um waren, begann König Paprika zu sprechen.
„Mit dir kann ich nichts abmachen", sagte er schroff, „ich muss da schon mit deinem Vater reden."
Der alte Herr hatte wie immer vor der Tür gelauscht. Nun trat er ins Kämmerchen, reichte seinem frischgebackenen Kollegen die Hand und klopfte ihm vertraulich auf die Schulter. König Paprika fasste das als Ermunterung auf und bat gleich um die Hand der Tochter.
(4) Der alte Herr zeigte sich höchst zufrieden, dass die Sache so ausgegangen war, ließ eine großartige Hochzeit vorbereiten und lud dazu von weit und breit alle Herrscher ein.
Unter den hohen Gästen war auch eine Königin, die ihre Untertanen „Schwarze Türkin" nannten. Es geschah aber, dass sich die Schwarze Türkin in König Paprika verliebte und beschloss, ihn in ihr Schloss zu entführen. Das ganze Fest über machte sie ihm schöne Augen und die Königstochter, die es gewahr wurde, dachte: „Ich werde auf der Hut sein müssen vor dieser Hexe."
(5) Nach der Hochzeit lebte das Paar eine Zeit lang sehr glücklich. Aber eines Tages kam es König Paprika in den Sinn, die Pferde vor die Kutsche spannen zu lassen und mit seiner Frau durchs Land zu fahren. Die Schwarze Türkin lag schon auf der Lauer und klapperte mit ihrer eigenen Kutsche hinterdrein. In einem Walde stieg König Paprika aus, um ein bisschen zu Fuß durch die Natur zu marschieren. Da kam plötzlich ein starker Windstoß und hob den armen Paprika in die Luft. Im Höllentempo brauste auch die Kutsche der Schwarzen Türkin herbei, die Piratin breitete ihren Mantel aus und schwupps! war der Paprika drin.

(6) Die Königstochter, die sich überlistet sah, klagte und jammerte und raufte sich das Haar vor Verzweiflung. Aber schon am nächsten Morgen nahm sie ein Pferd und einen Sack voll Münzen, erbat den Segen ihres Vaters und machte sich auf den Weg, um König Paprika zu befreien.

(7) Sie ritt viele Tage und Nächte, ohne auf eine Spur zu stoßen. Aber eines Abends geriet sie in einen finsteren Wald, in dem die wilden Tiere heulten. Vom Grausen ergriffen, irrte sie durch das Gestrüpp. „Was wird aus König Paprika", dachte sie immerfort, „wenn mich die wilden Tiere fressen?" Da stand plötzlich ein Häuschen vor ihren Augen und durch das Fenster leuchtete das Licht in die Finsternis. Schnell klopfte sie an.

„Wer ist draußen?", rief eine Stimme.

„Ein Christenmensch ist's", rief die Königstochter, „und er sucht Herberge für die Nacht, damit ihn nicht die wilden Tiere fressen."

„Hierher kommen keine Christenmenschen", antwortete die Stimme barsch, „sondern nur Schlangen und giftige Spinnen. Wenn du wirklich ein Christenmensch bist, dann schlage dreimal das Kreuzeszeichen!"

Das tat die Gehetzte und da trat ein Greis mit langem Bart aus dem Häuschen, der verwundert fragte: „Königstochter, was suchst du so mutterseelenallein in diesem Wald und seinen Schrecken?"

„Ich suche meinen Mann, den ich geknetet habe."

„Königstochter", brummte der Alte, „das wird nicht ganz einfach sein, denn König Paprika ist behext. Aber nimm diese Kastanie und verliere sie nicht! Sie wird dir nützlich sein. Morgen Abend wird dich der Weg in ein anderes Häuschen führen, in dem einer meiner Brüder wohnt. Klopfe auch dort an!"

Wirklich stieß die Königstochter am nächsten Tag auf einen anderen Einsiedler, der ihr eine Haselnuss schenkte und die Straße zum dritten Bruder wies. Der dritte Bruder, tief gebeugt und sicherlich älter als die anderen beiden zusammen, gab ihr eine Walnuss und sagte: „Am Ende des Waldes wirst du zum Palast der Schwarzen Türkin gelangen. Dort halte an und beiß die Kastanie auseinander. Was aus der Frucht herauskommt, das preise mit lauter Stimme an, als ob du es verkaufen wolltest. Die Dienstmagd der Schwarzen Türkin wird aus dem Palast kommen und dich einladen, in die Gemächer der Herrin zu steigen. Die Schwarze Türkin wird dich fragen, wie viel du willst; aber fordere kein Geld. Stelle nur die Bedingung, dass du in der folgenden Nacht mit ihrem Mann zusammen sein darfst. Weißt du, wer der Mann der Schwarzen Türkin ist? Natürlich ist's König Paprika. Wenn es dir nicht gelingt, in der ersten Nacht mit ihm zu sprechen, dann zerbeiß am Tag darauf die Haselnuss, und was herauskommt, das biete wieder der Schwarzen Türkin unter derselben Bedingung an. Und wenn's auch dann noch schief geht, dann wiederhole am dritten Tag das Spiel mit der Walnuss!"

(8) Nach langem Ritt erreichte die Königstochter den Palast. Sie biss in die Kastanie und heraus kam ein goldener Webstuhl, an dem eine webende Jungfrau saß, die ebenfalls aus reinem Gold war. Da schrie die Königstochter mit einer Stimme, die sie von den Krämern vernommen hatte: „Wer kauft den goldenen Webstuhl mit der goldenen Weberin?" Die Dienstmagd machte das Fenster auf und sagte zur Schwarzen Türkin: „Ihr solltet nur sehen, Majestät, was für schöne Dinge da unten feilgeboten werden! Kauft sie schnell, damit sie in eurem Palast stehen können, denn sie sind von unübertrefflicher Kostbarkeit."

Die Schwarze Türkin ließ die Königstochter rufen und fragte, wie viel sie für die Ware wollte.

„Ich will kein Geld", war die Antwort, „ich will nur eine Nacht mit eurem Mann zusammen sein."

Das wollte die Schwarze Türkin zunächst nicht zugestehen; aber die Dienstmagd flüsterte ihr ein, den Pakt einzugehen und König Paprika einen Schlaftrunk zu verabreichen, der die ganze Nacht vorhalten sollte. Das tat die Schwarze Türkin. Dann sagte sie höhnisch: „Geh nur hinein zu meinem Mann!"

(9) Die Königstochter fand den armen Paprika in tiefem Schlaf. Da sie nicht wusste, wie sie ihn wecken sollte, sang sie ihm das alte Lied:

> „Lieber König handgemacht,
> sechs Monde hab' ich Tag und Nacht
> knetend für dich zugebracht,
> erwache aus dem Hexenbrau,
> das sagt dir deine treue Frau."

Sie wiederholte die Verse die halbe Nacht, und als sie merkte, dass sie die Verzauberung auch damit nicht brechen konnte, weinte sie bis zum Morgen.

(10) Aber am folgenden Tag zerbiss sie die Haselnuss und heraus kam ein goldenes Nähtischchen, an dem eine schneidernde Jungfrau saß, die ebenfalls aus reinem Gold war. Da schrie die Königstochter von neuem: „Wer kauft das goldene Nähtischchen mit der goldenen Schneiderin?"

„Wie viel willst du?", fragte die Schwarze Türkin.

„Ich will kein Geld", war die Antwort, „ich will nur eine Nacht mit eurem Mann zusammen sein."

(11) Wieder schüttete die Schwarze Türkin ihr zerstampftes Hexenkraut in König Paprikas Abendtrunk und wieder bettelte die Königstochter umsonst, dass ihr Mann aufwachen möge.

(12) Nun war es so, dass sich neben dem Palast ein Gefängnis befand. Die Gefangenen hatten wegen des Flehens und Schreiens zwei Nächte nicht schlafen können und so beschlossen sie, durch die Gitter hindurch König Paprika zu sagen, was er für ein Tölpel wäre. So geschah es auch. Als König Paprika am nächsten Morgen am Gefängnis vorbei kam, sagten sie: „Majestät, schlaft ihr wirklich wie eine Haselmaus? Ist's wirklich möglich, dass ihr eure Frau nicht jammern und klagen hört?"

Da dachte König Paprika: Wenn ich's nicht höre, dann behext die Schwarze Türkin meinen Wein; aber in der nächsten Nacht werde ich nicht trinken.

(13) Die Königstochter war ganz verzweifelt, weil ihr nur noch die Walnuss geblieben war. Aber sie biss auch da hinein und heraus kam ein goldener Korb, vor dem eine stickende Jungfrau saß, die ebenfalls aus reinem Gold war. Da schrie die Königstochter zum dritten Mal: „Wer kauft den goldenen Korb mit der goldenen Stickerin?"

(14) Als sie mit Paprika allein war, wollte sie gleich wieder mit ihren Versen beginnen; aber der König hatte nur so getan, als ob er in den tiefsten Schlaf versunken wäre. Er öffnete die Augen und flüsterte: „Schweig, liebe Frau, denn diese Nacht werden wir entwischen!"

(15) So war es auch. Als die Schwarze Türkin am Morgen die Flucht entdeckte, waren die beiden schon jenseits der Grenzen ihres Reiches. Da riss sie sich vor Wut die Haare aus, eines nach dem anderen, und als kein Haar mehr da war, riss sie sich den Kopf ab und starb.

(16) Der alte König stand seit Wochen auf seines Daches Zinnen und hielt Ausschau nach Tochter und Schwiegersohn. Als er sie jetzt in einer Staubwolke dahergaloppieren sah, schrie er: „Köche, wetzt die Messer! Diener, tragt Teller und Becher auf! Fiedler, stimmt die Saiten!"

> „Fest und Tanz gab's ohne Ende,
> tausend Diener rührten da die Hände,
> Wein und Wurst und Hammelbraten,
> nur uns haben sie nicht eingeladen."

Baustein 5: Ein Unterrichtsbeispiel für eine 5. Klasse

Textnachweis

S. 24: *Josef Guggenmos,* Mein Ball, aus: Die Stadt der Kinder, Georg-Bitter-Verlag, Recklinghausen o. J.; **S. 30:** *Schüttelreime,* aus: Deutsche Unsinnspoesie, Reclam, Stuttgart 1978, S. 261 und 332–334; **S. 33:** *Ernst Jandl,* lauter, aus: Sprechblasen (Bd. 3 der Poetischen Werke, hg. von Klaus Siblewski), © 1997 Luchterhand Literaturverlag GmbH, München; **S. 60:** *Norbert Höchtlen,* das gespräch, aus: Schultheater 3, Bern 1979; *Eugen Gomringer,* ping pong, aus: Jörg Drews (Hg.), Das bleibt. Deutsche Gedichte 1945–1995, Reclam, Leipzig 1995, S. 100; *Wolfdietrich Schnurre,* Auf dem Klo, aus: Ich frag ja bloß, Ullstein Buchverlage, Berlin 1979, S. 37; *Ernst Jandl,* talk, aus: Poetische Werke, hg. von Klaus Siblewski, © 1997 Luchterhand Literaturverlag GmbH, München; **S. 61:** *Wolfdietrich Schnurre,* Eskalation, aus: Ich frag ja bloß, Ullstein Buchverlage, Berlin 1979, S. 77; *Konrad Bayer,* franz war, aus: Deutsche Unsinnspoesie, Reclam, Stuttgart 1978, S. 272; **S. 62:** *Horst Bienek,* Klatsch am Sonntagmorgen, © Carl Hanser Verlag, München; *Helmut Heißenbüttel,* Gelegenheitsgedicht Nr. 3, aus: Gelegenheitsgedichte und Klappentexte in der Sammlung Luchterhand, Darmstadt 1973 (vergriffen); *Theodor Weißenborn,* affektiv, aus: Schmurgelstein so herzbetrunken, Verse und Gedichte für Nonsense-Freunde von 9–99, hg. und ausgew. von Adolf Halbey, Hanser, München 1988; **S. 67:** *Gottfried Keller,* Romeo und Julia auf dem Dorfe, Hamburger Lesehefte, Husum o. J.; **S. 70:** *Frederic Hetmann,* Indianergeschichte, aus: Ich höre – also bin ich. Hör-Übungen, Hör-Gedanken, hg. von Joachim E. Berendt, Verlag Hermann Bauer, Freiburg 1992, S. 142; *Ernst Jandl,* flatt, aus: Der künstliche Baum (Bd. 4 der Poetischen Werke, hg. von Klaus Siblewski), © 1997 Luchterhand Literaturverlag GmbH, München; **S. 71:** *Johann Wolfgang von Goethe,* Ein gleiches, und *Theodor Storm,* Abseits, aus: Echtermeyer/Benno von Wiese (Hg.), Deutsche Gedichte, Gütersloh 1968, S. 194 und S. 465; **S. 82:** *Rafik Schami,* Das Echo, aus: Erzähler der Nacht, 1989 Beltz Verlag, Weinheim und Basel, Programm Beltz & Gelberg, Weinheim, S. 239–242; **S. 87:** *Ursula Hasler,* Pedro und die Bettler von Cartagena (Auszug), Atrium, Zürich 1992, S. 75f.; **S. 90:** *Robert Thayenthal,* Die Schuhe der Señores (Auszug), rotfuchs 634, Copyright © 1992 by Rowohlt Taschenbuch Verlag GmbH, Reinbek, S. 31f.; **S. 92:** *Michael Ende,* Beim Heulen zu sagen, aus: Das Schnurpsenbuch, © 1969 by K. Thienemanns Verlag, Stuttgart – Wien – Bern; **S. 93:** *Ernst Jandl,* mal franz mal anna (drama), aus: Serienfuss (Bd. 6 der Poetischen Werke, hg. von Klaus Siblewski), © 1997 Luchterhand Literaturverlag GmbH, München; *Helmut Heißenbüttel,* Sprech-Wörter, aus: Textbuch 4, Klett-Cotta, Stuttgart 1980: **S. 94:** *Gotthold Ephraim* Lessing, Heldenlied der Spartaner, aus: Deutsche Unsinnspoesie, Reclam, Stuttgart 1978, S. 26; **S. 95/96:** *Johann Wolfgang von Goethe,* Meeresstille / Glückliche Fahrt, aus: Echtermeyer / Benno von Wiese (Hg.), Deutsche Gedichte, Gütersloh 1968, S. 209; **S. 101:** *Fritz Gordian (Hg.),* Die Geschichte vom König Paprika – Ein Märchen aus Italien, Fischer Tb 1803, 1979 (vergriffen).

Bildnachweis

S. 43: © Arbeitsstelle für neues Spielen, Bremen; **S. 59, 99, 100:** Cornelia Ertmer; **S. 11, 13, 14, 15, 17, 19, 21, 23, 26, 28, 36, 42, 47, 59, 66:** Gerhard Sander, Paderborn.

Literaturverzeichnis

Weiterführende Literatur zu den Elementarprozessen

Romeo Alavi-Kia, Stimme, Spiegel meines Selbst: ein Übungsbuch. Braunschweig 1994[3]; *Horst Coblenzer, Franz Muhar,* Atem und Stimme, Anleitungen zum guten Sprechen, Wien 1986[6]; *Cornelia Ertmer,* Gestaltendes Sprechen in der Schule, LIT-Verlag Münster 1996, 63-89; *Ilse Middendorf,* Der erfahrbare Atem, Paderborn 1987; *Marion Hermann-Röttgen, Erhard Miethe,* Stimmtherapeutisches Programm, Stuttgart 1990; *Praxis Deutsch 88,* Hören und Zuhören, März 1988; *Margarete Saatweber,* Einführung in die Arbeitsweise Schlaffhorst-Andersen, Atmung, Stimme, Sprache, Haltung und Bewegung in ihren Wechselwirkungen, Bad Nenndorf o.J.; *Margot Scheufele-Osenberg,* Atemschulung, Rastatt 1994; *Günter Wirth,* Sprachstörungen, Sprechstörungen, kindliche Hörstörungen, Köln 1990[3] (in der Zwischenzeit in weiteren, überarbeiteten Neuauflagen erschienen).

Allgemeine Literaturhinweise

O.A. Burow, H. Quitmann, M.P. Rubeau, Gestaltpädagogik in der Praxis, Unterrichtsbeispiele und spielerische Übungen für den Alltag, Salzburg 1987; *Erich Drach,* Die Pflege des gesprochenen Wortes in der Schule. Handbuch der Deutschkunde Bd. 3, Frankfurt a.M. 1969[13]; *Cornelia Ertmer,* Gestaltendes Sprechen in der Schule, LIT-Verlag, Münster 1996; *Gert Kleinschmidt,* Theorie und Praxis des Lesens in der Grund- und Hauptschule, Frankfurt a.M. 1971[2]; *Samy Molcho,* Körpersprache als Dialog, München 1988 (inzwischen als Taschenbuch erschienen); *Praxis Deutsch 76,* Szenisches Spiel – Spielprozesse, März 1986; *Praxis Deutsch 106,* Märchen heute, September 1990; *Praxis Deutsch 136,* Szenische Interpretation, März 1996; *Werner Radigk,* Kognitive Entwicklung und zerebrale Dysfunktion, Dortmund 1986; *Erika von Essen,* Dramenlesung und Spiel, in: *Christian Winkler,* Deutsche Sprechkunde und Sprecherziehung, Düsseldorf 1969[2], 530-542; *Christian Winkler,* Deutsche Sprechkunde und Sprecherziehung, Düsseldorf 1969[2]; *Renate Zimmer,* Handbuch der Sinneswahrnehmung, Grundlagen einer ganzheitlichen Erziehung, Freiburg 1995.